MÉMOIRES

DE

CÉLESTE MOGADOR

Paris. — IMP. DE LA LIBRAIRIE NOUVELLE. — Bourdilliat, 15, rue Breda.

MÉMOIRES

DE

CÉLESTE

MOGADOR

TOME TROISIÈME

PARIS
LIBRAIRIE NOUVELLE
BOULEVARD DES ITALIENS, 15

La traduction et la reproduction sont réservées

1858

MÉMOIRES

DE

CÉLESTE MOGADOR

XXV

VIVE LA RÉFORME !

Le lendemain en m'éveillant, j'allai voir Frisette ; elle était heureuse de vivre, et ne voyait pas tout en noir comme Victorine.

Il y avait beaucoup de monde dans la rue ; on chuchottait. Je m'approchai de plusieurs groupes et j'écoutai, sans comprendre un mot à tout ce qu'on disait. Je demandai à Frisette ce que cela voulait dire. Elle n'en savait rien.

— Veux-tu venir nous promener ? lui dis-je, nous apprendrons peut-être quelque chose...

— Je le veux bien, allons !

Arrivées au boulevard, la foule était plus grande. Beaucoup de gens riaient ; nous riions aussi. Nous ne pouvions entendre, au milieu du bruit, que ces mots : *La réforme !*

J'arrêtai un jeune homme et lui demandai ce que cela voulait dire. Il me répondit d'un air d'importance :

— Nous voulons la réforme.

— Ah ! et qu'est-ce que c'est que la réforme ?

Il me regarda, haussa les épaules, et partit sans me répondre.

— Est-ce que je lui ai dit quelque chose de désagréable ? dis-je à Frisette qui riait.

— Dame, tu ne sais pas ce que c'est que la réforme !...

— Et toi, le sais-tu ?

— Non !

Nous nous trouvions boulevard Bonne-Nouvelle, devant le café de France. Beaucoup de jeunes gens étaient aux croisées. Quelques-uns nous reconnurent et se mirent à crier : « Vive Mogador ! vive Frisette ! vive la réforme et les jolies femmes ! »

Les curieux et les flâneurs se serrèrent autour

de nous. Nous eûmes toutes les peines du monde à échapper à la masse qui nous serrait. Je devins fort pâle. L'insulte glissait en sifflant ; l'air était chargé de menaces. J'eus le sentiment que quelque chose d'extraordinaire allait se passer. J'entrai dans la maison n° 5. Je connaissais Mme Emburgé à qui je demandai la permission d'attendre chez elle qu'il y eût moins de monde dehors. Elle nous ouvrit une fenêtre et nous vîmes défiler ce flot noir émaillé de bleu qu'on appelle le peuple. Il allait et grossissait comme un orage ! Cela me rappela Lyon. J'eus peur ! Cependant, comme tout le monde dîne, même ceux qui veulent faire la guerre, vers les six heures, les chemins devinrent plus libres.

— Sortez, me dit Mme Emburgé ; il y aura du bruit ce soir. Rentrez chez vous.

— Viens dîner avec moi, me dit Frisette ; que feras-tu, seule chez toi ?

J'acceptai. Il était dix heures quand je pris congé d'elle. Je suivis le faubourg Montmartre, les boulevards. Arrivée à la rue Lepelletier, j'entendis une détonation. La foule répondit par un long cri ! On courait du côté de la Bastille : je voulais avancer.

— Où allez-vous donc ? me dit un homme d'une quarantaine d'années.

— Mais, monsieur, je voudrais rentrer chez moi, place de la Madeleine.

— Alors, prenez un autre chemin. Vous ne pouvez passer par là; on vient de tirer devant le ministère des affaires étrangères.

Il disparut. J'avançais toujours, mais avec peine. Toutes les figures étaient empreintes d'une grande terreur; chacun se regardait avec défiance. Je pris la rue Basse-du-Rempart. Le vide s'y était fait; je la suivis, silencieuse. Je pensais à Robert! «Une révolution, me disais-je! une révolution qui ruine, qui force la noblesse à se cacher. Dans de pareilles circonstances, on a vu des gens du peuple rendre de grands services! Ah! si Robert pouvait avoir besoin de moi, de ma vie! »

Cette pensée ne fut qu'un éclair dans mon cœur. Je me rappelai, par le souvenir de Lyon, les malheurs qu'entraînent les révolutions, et j'eus regret de mon égoïsme.

J'étais au coin de la rue Caumartin. La pharmacie était changée en ambulance; de pauvres blessés y recevaient des secours!

A la vue du sang, mon cœur revint tout entier à la charité!

Je sentis des larmes dans mes yeux. Pleurer! c'est tout ce que peuvent les femmes! car elles ne comprennent rien, ne peuvent rien à ces grandes machines infernales qu'on appelle guerres, révolutions !

Rentrée chez moi, je me mis à écrire à Robert tout ce que j'avais vu, lui disant pour la première fois : « Ne venez pas. »

Je ne pouvais dormir ! toute la maison était sur pied.

A quatre heures du matin, on frappa à la porte cochère. Le concierge avait peur ; avant d'ouvrir, il demanda :

— Qui est là ?

J'écoutai à ma fenêtre.

— Ouvrez, ouvrez ! dis-je au concierge... Lui, lui, dans un pareil moment !... Oh ! Robert, pourquoi êtes-vous venu à Paris ? j'étais si contente de vous savoir en Berri !

— Je puis repartir, si je vous gêne !

— Me gêner !... ah ! c'est juste ! une bonne pensée ne m'est pas permise !... je pensais à votre sûreté avant le bonheur que j'avais de vous avoir près de moi... c'est invraisemblable, n'est-ce pas ?

— Non, ma chère enfant ; je ne savais pas ce qui se passait ! Je suis parti hier de Châteauroux. En arrivant à la gare, je n'ai pu trouver de voiture ; j'ai apporté ma valise sur mon épaule, et me voilà.

Le lendemain de son arrivée, il alla rejoindre la première légion de la garde nationale. Cela faillit me rendre folle d'inquiétude. Le poste de la Madeleine fut brûlé! On avait laissé dans ce poste de la poudre et des fusils chargés qui faisaient explosion à chaque instant.

Robert rentra à cinq heures, noir de poussière, épuisé de fatigue. Il avait aidé à défaire des barricades.

Un grand bruit se fit entendre sous mes fenêtres! j'allai voir.

Environ cent hommes, proprement mis, l'air assez raisonnable, étaient réunis et discutaient quelque grave question, sans doute soulevée par les événements.

Enfin le oui, oui, l'emporta; tous se dirigèrent à la station des voitures et mirent le feu à la petite loge de bois qui sert au gardien.

C'étaient les cochers du quartier qui s'amusaient, exactement comme à Lyon. Là-bas, c'était l'octroi.

Je demandai à Robert de partir, de m'emmener! Il me le promit, aussitôt qu'on pourrait circuler, car sa présence était nécessaire chez lui. Nous partîmes le lendemain. Je commençai à respirer à Étampes.

Je n'osais lui parler de ses projets de mariage.

Ce fut lui qui me dit qu'on l'avait refusé, qu'il était libre ! Je fus tout-à-fait heureuse.

Robert, jeune, bien de sa personne, avec son nom et sa fortune, aurait dû réussir à tout. Il aurait dû réussir à trouver un beau mariage, ce que rencontrent tant d'imbéciles qui n'ont aucun de ses avantages. Mais Robert avait un défaut qui était dans sa vie un perpétuel obstacle. Il n'avait aucune stabilité dans l'esprit ; tantôt il voulait, tantôt il ne voulait pas. J'avais cru à une grande force de caractère chez lui ; je m'étais trompée : c'était de la violence. Il ne savait maîtriser ni une passion, ni un désir ; il regrettait quelquefois le lendemain ce qu'il avait fait la veille. J'en souffrais souvent. Je voyais bien qu'il se livrait à lui-même un combat. Il m'aimait, et je devais être pour beaucoup dans ses irrésolutions. Je n'avais pu monter jusqu'à lui ; il me reprochait d'être obligé de descendre jusqu'à moi. Et pourtant, par affection pour lui, je m'étais métamorphosée ; je vivais près de lui avec la plus grande modestie de goût !... Je lui donnais des conseils qu'il n'écoutait jamais... parce qu'ils étaient bons.

Sa gêne était grande. Le château qu'il avait gardé en partage était délabré ; une seule chambre annonçait une splendeur passée. Le tout était vieux de trois cents ans. Il fallut tout réparer, château et domaines. Les fermiers, déjà endettés, ne payaient pas; les gens auxquels il était dû de l'argent devinrent exigeants. Je me souviens que Robert emprunta soixante mille francs à vingt pour cent sur première hypothèque. On était en révolution; l'argent, tout en se vendant ce prix-là, était difficile à trouver. Robert avait bon cœur; les fermiers belges vinrent lui demander de retourner dans leur pays. Le Berri est malsain; il y a des fièvres dont on ne peut se défaire, le travail y est pénible, les cultivateurs sont lents parce qu'ils se nourrissent mal; ce n'est qu'à force de privations qu'ils peuvent arriver. Beaucoup vendent leur blé et mangent des pommes de terre ou des châtaignes. Les Belges n'avaient pu s'habituer à cette pauvreté. Ils avaient été amenés par le père de Robert, qui espérait tirer parti de ces immenses terrains appelés brandes.

Robert consentit à leur départ; il leur donna même de l'argent, car les pauvres gens étaient bien malheureux : l'un avait été grêlé, sa récolte était perdue ; un autre avait vu mourir trois des siens; d'autres étaient malades. Les plus beaux domaines restèrent vacants.

Robert voulut faire valoir lui-même; il n'y entendait pas grand'chose ou il ne fut pas heureux: mais cela lui coûta fort cher.

Châteauroux n'existe pas; c'est une espèce de faubourg que vous traversez en cherchant la ville. Les habitants sont rudes; beaucoup poussent cette rudesse jusqu'à la sauvagerie. Quand la nature inculte du paysan se révolte, il devient féroce. Il y avait eu dans les alentours des crimes épouvantables : plusieurs châteaux avaient été envahis ; l'intendant d'un de ces châteaux avait été coupé à coups de faulx ; le château de Ville-Dieu avait été incendié en partie, tout l'intérieur ; brisé il ne restait que les pierres. Le côté où nous habitions était calme, et d'ailleurs on aimait Robert. Je combattais mes inquiétudes pour lui ; j'étais allée à Châteauroux dans une de ses voitures ; j'entendis crier des masses d'enfants. Il y avait une voiture qui me précédait. Le cocher fit tourner ses chevaux et me dit :

— Nous ne pouvons pas passer; voyez, on assiége de pierres la voiture de madame de...

Mon sang se glaça; je rentrai, suppliant Robert de ne pas sortir, ou, s'il le faisait, d'effacer les armes de sa voiture.

Il me reçut fort mal, en me disant qu'on pouvait le tuer, si on le voulait, mais que bien certainement il n'effacerait pas ses armes, que ce serait une lâcheté.

Je passais les nuits sans dormir; j'avais peur que

mon séjour au château ne lui fît perdre la bienveillance qu'on avait pour lui dans le pays. Un jour, je vis dans le parc environ quarante hommes armés de fusils, de pistolets ; ils se dirigeaient du côté du château. J'entendais leurs cris ; je les voyais de ma fenêtre, s'agiter, brandir leurs armes.

Robert était au billard avec Martin. J'entrai en leur criant :

— Sauvez-vous ! cachez-vous ! ou vous êtes perdus.

— Qu'as-tu donc ? me demanda Robert en me soutenant, car j'étais si pâle, je tremblais si fort, que j'allais tomber.

— Ce que j'ai ? lui dis-je. J'ai qu'il n'y a pas un moment à perdre, ou vous êtes assassinés : il y a là des hommes armés qui crient ; entendez-vous, maintenant ? Sauve-toi, viens dans la cave ; mais, pour l'amour de Dieu, ne les attends pas.

Et, persuadée qu'il me suivait, je me sauvai du côté de l'escalier qui conduisait aux caves. Il me semblait voir les canons des fusils, il me semblait entendre la détonation des armes à feu. Les fondations étaient énormes. Je marchais dans ces caveaux sombres, humides, mes jambes fléchissaient à chaque pas. Je me retournai, et je m'aperçus, avec un sentiment d'indicible terreur pour Robert, qu'il ne m'avait pas suivie. J'écoutai, je n'entendis rien ; j'étais sous le rayon de lumière d'un soupirail.

— Oui! oui! criaient des voix, celui-là! emportons celui-là! c'est le plus beau! prenez des pioches... alerte! alerte!

— Non! non! répondaient d'autres voix, il va mourir, il est trop grand.

— Trop grand! mourir! me bourdonnaient dans les oreilles.

— Que veulent-ils dire? Oh! trop grand! Seigneur, c'est Robert! Mourir! ils délibèrent sa mort! Mon Dieu! pourquoi ne m'a-t-il pas écoutée! oh! je veux le voir.

Et je marchai dans l'ombre, me traînant au long des murs.

Tout-à-coup des coups de feu se firent entendre ; mon cœur cessa de battre ; je me laissai glisser à terre.

Misérable chose que le courage d'une femme! je voulais avancer ; à chaque détonation nouvelle, je me sentais faiblir ; j'aurais voulu entrer dans la muraille. Enfin, tout ce que j'aimais au monde était en haut, je regagnai les escaliers. La fusillade continuait toujours mais semblait s'éloigner ; j'arrivai au faîte en rampant.

— D'où viens-tu donc? me dit Robert, qui allumait tranquillement un cigare.

— D'où je viens ? mais je viens de la cave, où je m'étais cachée, et où je te pleurais bien inutilement à ce qu'il me semble, puisque tu ris. Que signifiait donc cette petite guerre qui m'a fait si peur ?

— Écoute, tu vas le savoir.

En effet, je distinguai ces mots :

— Vive monsieur le comte ! vive la république ! vivent les arbres de la liberté !

Nous étions sur la terrasse ; un homme revint et dit à Robert, en lui ôtant son chapeau jusqu'à terre :

— Ça ne vous fait rien au moins, monsieur le comte, que nous plantions un arbre de la liberté ? Si ça vous fâchait, je n'y tiens pas, c'est histoire de s'amuser et de boire un coup à votre santé.

— Non, ça ne me fâche pas, dit Robert, puisque je vous l'ai donné avec un quart de vin, et pourvu que vous ne le plantiez pas dans mon parc, ça m'est égal.

Je compris : ce qui était trop grand et qui allait mourir, c'était le peuplier. On se moqua beaucoup de moi, et ce fut un sujet d'hilarité pendant quelques jours.

Je recevais lettre sur lettre de ma domestique ; j'avais des dettes, des billets à payer ; si j'avais été homme et dans les affaires, j'aurais été le plus exact des commerçants. La pensée d'une échéance en retard me mettait au supplice.

Robert, malgré sa grande fortune en terres, était plus pauvre que moi. Je ne pouvais et ne voulais rien lui demander.

Je lui annonçai qu'il fallait que j'allasse à Paris, mettre un peu d'ordre à mes affaires, payer mon loyer.

Il ouvrit son secrétaire, fouilla dans ses poches et me dit :

— Ma pauvre Céleste, je voudrais te donner ce dont tu as besoin, mais je ne le puis ; je n'ai rien. Je vais emprumter deux cents francs pour ton voyage.

XXVI

LA ROULETTE.

Arrivée à Paris, je fus fort embarrassée. Cependant j'avais bien quelques bijoux que Robert m'avait donnés ; mais m'en séparer me paraissait impossible. La république n'enrichissait personne ; mes amis et amies me ressemblaient.

Je me trouvai à dîner avec Lagie et Frisette.

— Venez jouer, me dirent-elles ; il y a maintenant beaucoup de maisons de jeu. Nous allons à la roulette tous les soirs ; il y en a plusieurs ; la mieux tenue est rue de l'Arcade.

— Mais, dis-je à Lagie, il doit y avoir du danger ; la police n'autorise pas les maisons de jeu.

— Non, mais il n'y a rien à craindre ; on ne reçoit pas tout le monde ; on prend des précautions. Venez, nous vous présenterons.

J'avais cent francs pour toute fortune et beaucoup d'ennui ; je me décidai, malgré ma peur de la police.

Arrivée rue de l'Arcade, notre voiture s'arrêta devant une grande et belle maison. Tout était si calme que je crus que Lagie se trompait ; je lui dis :

— Il n'est pas possible qu'il y ait un tripot ici.

— Venez, venez, me dit-elle en me tirant par ma robe ; mais ne parlez pas si haut.

Nous montâmes un escalier peint en rouge, éclairé à distance par des quinquets. Je m'arrêtai, essoufflée, en demandant si cet enfer était allé se loger au ciel.

— Le plus près possible, me dit Lagie.

Nous étions arrivées au cinquième. Elle sonna. Un timbre résonna trois fois. Un domestique vint ouvrir. Sa livrée était voyante. Cela pouvait éblouir quelques provinciaux, mais cela me fit rire ; c'était la charge de ces domestiques bien tenus que j'avais vus chez Robert.

De l'antichambre on entrait dans un salon. Nous fûmes reçues par une femme d'une trentaine d'années, qui avait dû être fort jolie, et qui l'aurait été encore, si sa figure pâle, maigre, n'avait été entourée d'une forêt de cheveux noirs frisés en longues boucles, qui lui donnaient l'air sauvage ; tantôt elle ressemblait au diable, tantôt à un revenant. Elle nous offrit des siéges près de la cheminée, et s'adressant à moi, elle me dit :

— Vous n'êtes pas encore venue ici, mademoiselle ; il me semble que je n'ai jamais eu le plaisir de vous voir.

— Non, madame, c'est la première fois.

— Ah ! êtes-vous heureuse à la rouge et noire ?

— Je ne sais pas, madame ; je gagne rarement aux cartes.

— J'espère que vous serez plus heureuse ici.

Elle se leva et fut causer avec d'autres personnes.

— Qui donc est cette femme qui me souhaite de gagner ?

— C'est la maîtresse de la maison ; elle en dit autant à tout le monde ; vous comprenez qu'elle n'en pense pas un mot. — Quand je dis que c'est la maîtresse de la maison, je veux dire que le loyer est à son nom ; l'homme qui tient la banque est une espèce de bête amphibie ; on ne sait pas d'où il vient, de quel pays il est. Il parle plusieurs langues, il a beaucoup d'argent. Comme il ne veut pas être arrêté, il met la maison sous le nom de cette femme; si la police venait, c'est elle qu'on emmènerait.

« Il faut que l'appât de l'or soit bien puissant, me dis-je à moi-même, pour que cette femme se résigne à être prise, condamnée peut-être à un an de prison. » Je la regardai et je cherchai sur elle le goût du luxe, qui la poussait à sa perte; sa mise était simple, sa robe de soie noire avait été refaite plusieurs fois, tout en elle avait l'air malheureux; je ne comprenais pas. Chaque fois que le timbre sonnait, elle faisait un bond sur sa chaise; ses yeux se fixaient avec inquiétude sur la porte. Quand la personne était entrée, elle achevait la parole ou le sourire arrêté par la peur.

— Pourquoi ne commençons-nous pas? dit un grand jeune homme.

— Le banquier n'est pas arrivé, répondit la maîtresse de la maison, qui regardait l'heure; il ne peut tarder, onze heures vont sonner.

— *T'es pressé* de perdre ton argent, Brésival? dit une grosse fille à l'air commun, qu'on appelait la Pouron... Et elle se rapprocha familièrement du jeune homme.

Il avait l'air distingué; sa figure était jolie, mais fort pâle. Il la repoussa doucement; il paraissait attendre avec impatience.

Je fus près de Lagie, et lui demandai quel était ce monsieur, qu'on venait d'appeler Brésival.

— Ah ! vous le trouvez bien, n'est-ce pas ? me dit Lagie en me regardant. Il ne s'occupe guère de femmes, il aime trop le jeu pour cela ; il est marié, il a des enfants qui sont gentils à croquer, il finira par jouer leur layette. Il passe toutes les nuits et perd toujours. Il se met dans des fureurs atroces après tout le monde ; il a des attaques de nerfs. Vous le verrez, s'il perd demain matin.

Quelques instants après, un monsieur parut. Son arrivée fut accueillie par un : Oh !... général.

— Enfin ! ce n'est pas malheureux ! nous allions partir ; vous êtes en retard.

— Oui, dit celui qui venait d'entrer avec une clef, je viens d'une soirée. Je vous annonce pour cette nuit de nouveaux pontes, et des bons.

— Tant mieux ! tant mieux !

Le nouveau venu pouvait avoir quarante ans ; il était en habit noir et en cravate blanche ; son teint était basané, ses cheveux bruns. Il avait un peu le type italien. Il parla à la maîtresse de la maison pour lui donner des ordres, lui faire des reproches. Il m'aperçut et me regarda assez longtemps, ce qui me gênait beaucoup.

Le domestique ouvrit une porte à deux battants, et je vis une grande salle bien éclairée, une table longue, garnie d'un tapis vert, une roulette au milieu, des siéges autour. Tout le monde entra. Je restai près du feu dans la première pièce.

— Vous n'allez pas jouer? me dit la maîtresse de la maison, qui était restée sans doute pour recevoir.

— Non, lui dis-je; je n'ai aucune habitude du jeu, et je crains de ne pas être de force à défendre mon argent. Et puis, je ne suis pas très-rassurée. Est-ce que vous n'avez pas peur, vous?

— Oh! si, me dit-elle; mais je ne puis pas le laisser voir; pourtant, je cours un grand danger.

— Vous gagnez donc beaucoup d'argent?

— Moi! me dit-elle en riant tristement, on me donne à manger à regret.

— Vous aimez donc bien cet homme qui vient d'entrer, car c'est pour lui que vous tenez cette maison?

— Moi! l'aimer! dit-elle en se penchant vers moi; je le déteste, je le méprise, mais j'en ai peur.

On sonna, cela arrêta la conversation. J'aurais pourtant bien voulu en savoir plus long sur ces deux étranges personnages. On vint fumer dans le salon où j'étais; impossible de causer, je me levai pour aller au jeu. La maîtresse de la maison, qu'on venait d'appeler la Pépine, passa près de moi et me dit doucement :

— Vous ne savez pas jouer? Mettez sur la main de ce vieux monsieur décoré, qui est là-bas ; il a du bonheur au jeu.

Elle passa, et fut offrir des gâteaux et des rafraîchissements aux joueurs; elle s'arrêta à la personne dont elle m'avait parlé, et me regarda comme pour me dire : « C'est *lui*. »

Je tirai un louis de ma bourse et le mis sur la rouge près de son argent ; le banquier criait :

— Faites vos jeux, messieurs, faites vos jeux ! rien ne va plus !

Il tournait une machine que tout le monde regardait avec beaucoup d'émotion. Moi, je regardais avec curiosité, je n'avais jamais vu cela.

— Perd la noire, gagne la rouge! criait le banquier qui, à l'aide de son petit rateau, ramassait l'argent très-vite et redisait : « Faites vos jeux, messieurs ! Rouge ou noire ! »

— Vous jouez donc? me dit Lagie, si haut que tout le monde me regarda.

— Oui, mais je ne jouerai pas longtemps, je n'ai que cinq louis.

— Et dix que vous venez de gagner, ça fait quinze, dit le monsieur décoré. Vous avez passé deux fois, et tenez, c'est encore rouge qui sort. Vous avez vingt louis : les laissez-vous?

J'avoue que j'avais joliment envie de les ôter ;

mais on m'appela poltronne, je les laissai. J'étais secouée par une forte émotion ; le jeu se faisait lentement ; j'avais bien envie de m'en aller. Enfin on cria :

— Rien ne va plus !

Je tournai la tête pour ne pas voir. Mes pauvres vingt louis s'engloutirent sous la noire. Je rencontrai les yeux de Pépine ; elle me fit un petit sourire et laissa retomber la portière de laine rouge.

Elle venait de m'apparaître comme une vision, comme le diable. En effet, que pouvait-on voir dans une pareille maison ? Était-il permis d'avoir une autre idée que celle de l'enfer ? Eh bien ! c'est affreux à dire, mais j'invoquai Satan pour qu'il me fît regagner mes quarante louis, et quand on cria : « Perd la noire, gagne la rouge ! » je fis un bond qui faillit renverser deux personnes. On commençait à me regarder comme une grande joueuse ; le banquier me fit un sourire qu'il voulait rendre charmant, quoique ce fût une grimace, car je faisais sonner son argent.

Je passai dans l'autre salon pour compter mon gain.

— Rentrez, me dit la Pépine à demi-voix, jouez toujours, mais risquez peu...

Je rentrai au jeu.

— Est-ce que vous faites charlemagne ? me dit Lagie.

— Moi ! mais non. Les émotions m'altèrent ; je viens de boire un verre d'eau.

Je pris un siége et je m'assis à table, ce que je n'avais pas encore fait. Mlle Pouron me félicita sur ma veine, car je continuai à gagner. J'avais à peu près deux mille francs devant moi, en or, ce qui était fort rare à ce moment-là. On payait alors un louis dix sous de change. J'étais si contente que je n'avais pas sommeil : les bougies commençaient à s'éteindre ; tout le monde était fatigué, défait ; le rouge de certaines femmes était tombé ; les hommes qui perdaient, et qui jusqu'alors n'avaient rien dit, espérant regagner, ne se contraignaient plus et laissaient voir leur mauvaise humeur. Je n'osais pas m'en aller, quoique j'en eusse grande envie. Les femmes, jalouses de ma veine, me poussaient à jouer gros jeu ; je devais les faire mourir de rage ce soir-là, car je gagnai quatre mille francs. Un homme me faisait de la peine : je le voyais chercher dans sa poche, se poser la main sur le front, regarder tout le monde. Plus les joueurs sont malheureux, plus ils aiment le jeu ; c'est une fièvre, un délire qui ressemble à de la folie.

Malgré mon peu de sympathie pour les gens qui

ne savent pas vaincre une passion, j'eus pitié de lui, car il paraissait souffrir atrocement. Je lui demandai s'il voulait quelques louis de mon argent, que cela le ferait peut-être gagner. Il m'arracha plutôt qu'il ne me prit ce que je lui offrais ; il perdit en cinq minutes ce que je venais de lui donner

Il me regarda de nouveau ; j'allais peut-être lui redonner de l'argent, quand la Pépine, qui portait du chocolat, me marcha sur le pied. Je ne regardai plus M. Brésival, qui continua à aimanter des yeux l'or que j'avais devant moi. Tant qu'il jouait et perdait, ce n'était rien ; mais quand il n'avait plus de quoi jouer, il se mettait en fureur ; c'est ce qui arriva : il frappa à grands coups de poing sur la table, qui ne rendit qu'un bruit sourd, car pour qu'on n'entendît pas le son de l'argent, le bois était couvert de couvertures. Il se jeta sur la roulette, qu'il voulait briser. Toutes les femmes l'entouraient ; il cognait, c'est le mot, à tort et à travers, disant qu'on l'avait volé, qu'il voulait son argent. Je m'étais sauvée dans la première pièce, tenant mon argent que je n'avais nullement envie de rendre. D'abord, ce n'est pas à lui que je l'avais gagné.

La Pépine regardait la scène d'un air content. Je lui frappai sur l'épaule, en lui disant :

— Je vous remercie du conseil que vous m'avez donné; je m'en vais.

— Vous êtes contente ? tant mieux ! Attendez un peu, vous ne pouvez pas partir seule à cette heure; où demeurez-vous ?

— Place de la Madeleine, 19. Venez me voir, vous me ferez plaisir.

Je me sauvai en donnant dix francs au domestique qui m'ouvrit, et je ne fus vraiment sûre que mes richesses étaient bien à moi que quand je fus loin de cette maison.

Rentrée chez moi, je comptai ma fortune. Jamais rien ne m'était arrivé si à propos. Je pensais à Robert, que je pourrais revoir sans lui être à charge, aux emplettes que j'allais faire pour retourner auprès de lui. Je m'endormis, après avoir dépensé cent mille francs en projets.

Le lendemain, je passai la journée à courir chez mes marchands, à qui je portai de l'argent. A cette époque, ce n'était pas chose commune; aussi fus-je reçue à bras ouverts. Ceux qui nous servent et qui s'enrichissent de nos faiblesses nous comblent de caresses, de compliments; au fond ils nous méprisent, nous détestent. C'est tout simple, nous les faisons vivre. J'avais pour eux l'affection qu'ils avaient pour moi; je les payais régulièrement, parce que l'idée de devoir m'est insupportable ; je me servais d'eux quand j'avais besoin de crédit ; je savais qu'ils me vendaient double, mais j'avais envie d'acheter, et je ne disais rien.

A cette époque, quoique très-rapprochée, on n'était pas comme à présent : les actrices et les femmes entretenues n'avaient de crédit que chez quelques marchands exceptionnels. Si j'étais allée à la Ville de Paris acheter une robe et que j'eusse dit : « Envoyez-moi cela, *Mademoiselle Céleste, écuyère,* » on aurait bien recommandé de ne pas laisser le paquet sans toucher l'argent.

Aujourd'hui, tous les grands magasins, comme la Ville de Paris, la Chaussée d'Antin, les Trois Quartiers, le Siége de Corinthe, envoient à domicile, et s'ils vous remettent vos emplettes en votre absence, ils les laissent et ne vous apportent les factures qu'au bout de six mois, tout en vous vendant le même prix qu'aux autres personnes.

C'est à qui aura notre pratique ; tout le monde nous pousse à ces folles dépenses qui ruinent ceux qui nous entourent, et dont tant de gens se partagent les bénéfices sans en avoir la responsabilité.

On emploie toutes les tentations ; si je n'avais pas été arrêtée par un sentiment de probité, je devrais avoir aujourd'hui trois cent mille francs de dettes : les marchands de cachemires, de bijoux, de voitures, de meubles me faisaient des offres de services illimitées.

Je résistais parce que je pensais à l'avenir ; je me disais :

« Il faudra toujours payer ; mais que de femmes n'ont pas ce courage, et, par entraînement, font du tort et finissent par faire perdre. »

J'allai donc de moi-même porter de l'argent à mes fournisseurs, en 1848 !

Je m'achetai quelques robes, du linge, et surtout un nécessaire de voyage garni en argent, dont j'avais grande envie.

Les amis de Robert en avaient : je voulais faire comme les gens comme il faut ; je me donnais beaucoup de mal, mais je n'avais de commun avec eux que mon nécessaire.

Pourtant Robert m'aimait ; s'il y avait des nuages dans son amour, ces nuages étaient amenés par le contraste de sa gêne réelle avec son apparente fortune. J'étais heureuse de cet amour.

Mes bénéfices au jeu me tournaient la tête ; je ne pensais plus qu'à gagner encore, pour avoir beaucoup d'argent quand il reviendrait.

XXVII

LA PÉPINE.

Trois jours s'étaient écoulés depuis ma soirée de la rue de l'Arcade; je luttais sans cesse entre l'envie d'y aller et la raison qui me disait de ne plus y retourner. La peur d'être prise dans cette maison ou de perdre m'arrêtait; l'appât du gain m'attirait.

Je me détendais à huit heures du matin, au milieu de mes réflexions, quand Marie, ma domestique, entra, avec son grand nez, m'annoncer qu'une dame voulait me parler. On ne faisait pas encore antichambre chez moi, et je dis:

— Faites-la entrer.

— Tiens ! m'écriai-je en voyant ma visiteuse.

— Je vous dérange ? dit la Pépine en s'asseyant près de mon lit.

— Du tout, je pensais à vous, c'est-à-dire, je pensais à votre maison. J'ai gagné beaucoup, l'autre jour.

— Je le sais, dit la Pépine ; pourquoi n'êtes-vous pas revenue ?

« Bon ! pensai-je, elle vient me chercher pour que je reperde ce que j'ai gagné. Je vais la fixer sur ce qu'elle pourra ravoir de son argent. » Et je lui dis :

— Ma foi, je ne ferais pas mal d'y retourner; il me reste pour toute fortune cinq cents francs.

— C'est trop, n'apportez jamais cela chez moi ; il ne faut prendre que cent francs, et, si vous les perdez, ne plus jouer.

Je la regardai : je m'étais trompée ; elle ne voulait pas aider le banquier à se rattraper.

— Voulez-vous déjeuner avec moi ?

— Oui, me dit-elle ; seulement ne recevez plus personne : il ne faut pas qu'on me voie chez vous. Cela doit vous sembler drôle de me voir, quoique vous m'ayez engagée à venir. Je passais devant votre porte, et puis, vous m'avez plu ; vous ne ressemblez pas à toutes ces femmes au milieu desquelles je vis, et qui se plaisent à me faire de la peine.

Je crus comprendre qu'elle était jalouse, car j'avais vu que cet homme qui tenait la banque avait plusieurs maîtresses parmi les joueuses.

— Elles vous font de la peine? lui dis-je. Pourquoi le souffrez-vous?

— Parce que je ne puis faire autrement.

Et je vis à ses yeux noirs qui lançaient des éclairs, qu'il fallait en effet une grande force pour contenir cette colère.

J'avais une fort belle salle à manger, meublée en chêne sculpté, des croisées garnies en vitraux de couleur; cela ressemblait assez à un caveau.

Nous nous mîmes à table; j'avais peur de cette femme : non pas peur qu'elle me fît du mal; mais peur de sa personne. Je la regardai, et j'étais toujours sur la défensive. Pourtant, elle n'avait été qu'aimable pour moi, et je m'efforçai de lui montrer moins de défiance. Nous parlions de choses indifférentes.

— Comme je suis maigre! me dit-elle en me montrant son cou... Oh! c'est que la vie que je mène me tue! Passer toutes les nuits! trembler chaque fois qu'on sonne! De plus fortes que moi n'y tiendraient pas longtemps.

— Pourquoi faites vous ce métier-là, qui, en effet doit être très-fatigant?

— C'est que je n'ai pas le choix.

— Comment ! vous êtes forcée de vous rendre malade ?

— Oui.

— Par cet homme qui fait jouer ?

— Oui.

— Ah ça ! c'est donc le diable ?

— A peu près, me dit-elle ; pourtant, le diable ne vous tente que par le plaisir ; celui-là ne m'a tentée que par la souffrance.

— Que vous a-t-il donc fait ?

— Je l'ai connu en Italie, dans mon pays. Il vivait sous un faux nom, avec une femme encore belle, quoique d'un certain âge ; j'avais alors dix-huit ans, j'étais jolie. Il me faisait une cour assidue. Je vivais seule avec ma mère ; nous étions dans le commerce. Il ne quittait presque pas la maison je voyais souvent cette dame avec lui : il me disait ne pas l'aimer ; enfin, je me laissai monter la tête, j'en devins amoureuse. Cette femme me trouva chez lui et me dit :

— Malheureuse ! vous vous êtes perdue. Savez-vous quel est cet homme ? C'est un chevalier d'industrie ; il ne recule devant rien. J'étais veuve, jeune ; il s'est acharné à moi, non parce qu'il m'aimait, mais parce que j'étais riche. Il m'a ruinée, torturée. Aujourd'hui, je n'ai plus rien :

il faut qu'il se débarrasse de moi. Il doit y avoir une infamie derrière son prétendu amour pour vous; votre jeunesse ne lui suffit pas. Méfiez-vous: il vous vendra, si vous n'avez rien !

Les paroles de cette femme me firent mal.

— Adieu, me dit-elle, ce coup est le dernier; je me suis laissé aller sans défense, je m'en vais sans courage; je paye cher ma faiblesse. Que mon exemple vous serve de leçon; méfiez-vous !

Elle sortit lentement. Je la suivais machinalement; une voix intérieure me disait de lui obéir, de l'écouter; mon amant me barra le passage et me fit tant de protestations, de serments; il me persuada si bien qu'elle l'adorait encore, que la jalousie seule la faisait parler ainsi, que je le crus.

Ce fut bien pis, lorsque, quelques jours après, je retrouvai chez lui cette femme qui lui avait dit adieu devant moi.

— Tu vois, me disait-il, je ne puis m'en défaire.

Le soir, il me fit dire qu'il fallait absolument qu'il me parlât.

Quand ma mère fut couchée, je sortis.

— Écoute, me dit-il, nous ne pouvons plus vivre comme cela. Je n'ai pas d'argent; si j'en avais, je t'emmènerais; si quelqu'un pouvait nous en prêter, nous partirions ensemble.

L'idée de le quitter me fit grand mal; je cherchais dans ma tête quel moyen il y aurait de le retenir.

— Ou bien, me dit-il, si j'avais de l'argent, j'en donnerais à cette femme, pour m'en débarrasser.

— Mon Dieu, lui dis-je, si j'en avais, je vous en prêterais; mais à la maison on ne garde pas d'argent. Ma mère envoie toutes les semaines les recettes à son homme d'affaires, car deux femmes seules ne peuvent conserver des valeurs chez elles. Quelquefois la vente est considérable.

— Oh! me dit-il, d'une manière qui aurait dû m'avertir de prendre garde... Oh! ta mère fait de grandes affaires, tu lui es très-utile, c'est toi qui fais marcher la maison, tu tiens les livres, tu as la signature?

— Oui.

— Que j'ai de chagrin de te quitter... Il m'embrassait et pleurait... Je ne puis avoir de nouvelles de mes parents que dans un mois... Vivre encore un mois avec cette femme est impossible! Si tu voulais... mais tu ne m'aimes pas assez... et puis ce qu'on t'a dit... tu n'as pas confiance en moi.

— Si, lui disais-je, si, j'ai confiance en vous.

— Eh bien ! va chercher de l'argent au nom de ta mère; on te le donnera, je te le rendrai, tu le reporteras, on n'en saura rien.

Comme je ne répondais pas, il se jeta à mes pieds en me demandant pardon de l'idée qu'il venait d'avoir :

— C'est mon amour pour toi qui me rend fou. Tu m'en veux ?... pardonne-moi... je partirai demain.

— Non, lui dis-je, je ne vous en veux pas, mais je n'oserai jamais. Si c'était une petite somme ; mais il vous faut peut-être beaucoup.

— Oui, me dit-il en soupirant, au moins dix mille francs. Allons, je te quitte, ma Pépine chérie ; viens me voir demain pour la dernière fois.

Je rentrai dans ma chambre toute triste ; je ne pus dormir de la nuit. Ma mère m'appela de grand matin ; elle était souffrante. Je fus voir mon amant à midi. Ses malles étaient faites. L'idée de le perdre me rendit folle, oui, folle, car je lui dis d'attendre jusqu'au lendemain.

Ma mère ne s'était pas levée. Encouragée par l'idée qu'elle ne se lèverait pas pendant quelques jours, qu'alors elle ne saurait pas ma démarche, poussée par mon mauvais génie, j'arrivai chez le banquier de ma mère, disant qu'elle avait un achat important à faire, qu'il lui fallait dix mille francs. On était tellement habitué à me voir venir chercher, quelquefois apporter des sommes plus fortes que celle-là, qu'il n'y prit pas garde; seulement il me dit :

— Votre mère vous a-t-elle donné un reçu?

— Mais je vais vous en donner un, cela doit suffire.

— Au patron, c'est possible, me dit le caissier ; mais il est absent, je dois me mettre en règle.

— Absent pour longtemps? lui demandai-je inquiète.

— Pour une huitaine de jours.

Je rentrai chez nous; ma mère était plus mal. J'allai chez mon amant lui conter ma défaite. Il recommença ses pleurs; mon chagrin augmenta. Je lui dis d'attendre jusqu'au lendemain, que j'allais tâcher de gagner ma mère.

— Garde-toi bien de le faire, me dit-il, nous serions perdus. Tu signes le même nom que ta mère : mets *veuve*, au lieu de *fille*... Je t'aurai rendu l'argent avant qu'elle soit guérie.

Le diable me tentait, pourtant je n'osais pas ; enfin, après avoir combattu, je les lui promis pour le soir. Je montai à la chambre de ma pauvre mère; je lui demandai sa signature pour acquitter une note que quelqu'un me réclamait en bas.

— Qui donc? me demanda-t-elle.

— Je lui dis un nom au hasard, et j'ajoutai : « Ne mets pas pour acquit, signe seulement ; s'il ne me donnait qu'un à-compte... »

Pauvre mère! sa confiance en moi était si grande, qu'elle signa sans me faire une réflexion. Je courus chez mon amant pour lui demander s'il n'y aurait pas moyen de faire autrement.

— Non, me dit-il, remplis ce papier : « Je vous prie de donner à ma fille, qui vous portera ce mandat, la somme de vingt mille francs... »

— Vingt mille francs! m'écriai-je en cessant d'écrire; mais on ne me donnera jamais cette somme.

— Eh bien! mets *douze*; mais il nous en faut douze.

J'écrivis.

— Maintenant, va et reviens.

J'étais de retour au bout d'une heure, avec mon argent, qu'il me prit plutôt que je ne le lui donnai.

— Arrangez tout, lui dis-je; je retourne chez moi, ma mère pourrait me demander. A demain!

Je trouvai à sa porte la femme que j'avais vue quelques jours auparavant.

Elle m'arrêta et me dit :

— Écoutez-moi, pauvre enfant! vous êtes jalouse de moi, c'est le moyen qu'il emploie pour vous égarer. Il vous dit que je l'aime, vous le croyez, parce que vous me trouvez à sa porte. Il vous trompe, vous vous trompez vous-même. Je veux qu'il me rende quelques bijoux qu'il a à moi, afin de les vendre pour payer mon voyage. Je suis arrêtée ici à l'hôtel où je demeure ; j'attends que ce misérable me fasse l'aumône avec ce qui m'appartient; je sais qu'il a de l'argent, mais ma présence lui servait à vous exalter. Méfiez-vous, mon enfant, méfiez-vous!

Je restai plusieurs jours sans dormir, d'inquiétude. Ma mère allait mieux ; il ne me parlait pas de me rendre mon argent, il prétendait toujours attendre des nouvelles de Paris. Ma mère me dit qu'elle descendrait le lendemain ; je perdis la tête. J'allai trouver mon amant, toute en pleurs, et je lui dis que je ne pouvais rentrer sans cet argent.

Il réfléchit, me regarda et me dit :

— Je vais t'emmener à Paris; nous reviendrons quand j'aurai ce qu'il me faut.

Je consentis à le suivre, et pourtant déjà il me semblait ne plus l'aimer.

Voilà dix ans que je traîne misérablement ma vie accrochée à la sienne ; il me fait faire tous les métiers. Je me suis compromise pour le mettre à l'abri ; il me prend des envies de le tuer... Je ne puis plus vivre comme cela.

— Pourquoi, lui dis-je, ne l'avez-vous pas quitté, dénoncé ?

— Est-ce que je le pouvais ? Quand je suis arrivée à Paris, je ne savais pas un mot de français ; où vouliez-vous que j'allasse ? Comment vivre dans cette grande ville ! Le dénoncer ? n'étais-je pas plus coupable que lui ? Et puis, j'en avais peur : il me laissait des huit, dix jours sans s'occuper si j'avais de quoi manger ; il me battait, il était d'une jalousie féroce. Jamais il n'a été aussi imprudent que maintenant ; l'appât de l'argent l'étourdit. Cette maison lui rapporte beaucoup. Il s'occupe moins de moi, j'ai plus de liberté ; si mon projet réussit, je n'y serai pas longtemps.

— Est-ce qu'il vole au jeu ?

— Il en est bien capable. me dit-elle presque bas ; pourtant, je n'en sais rien. Il est mystérieux ; il a toutefois dans son entourage des gens qui gagnent souvent, et qui, le lendemain, s'enferment avec lui. Le vieux que je vous ai recommandé l'autre jour est un entraîneur : il amène souvent du monde ; il gagne beaucoup. Si vous saviez comme je le déteste, cet homme qui m'a perdue et qui me rend la plus malheureuse, la plus humiliée des femmes ! Toutes les filles qu'il prend pour maîtresses m'insultent, me raillent. Je me vengerai d'elles en même temps que de lui.

— Pourquoi ne le quittez-vous pas ?

— Oh ! me dit-elle, c'est que je suis sans ressources ; mais dans quelque temps...

Elle se tut ; je vis qu'elle ne voulait pas me confier ses projets, je ne lui demandai rien.

Nous avions fini de déjeuner, nous passâmes dans ma chambre.

— Écoutez, me dit-elle, vous m'avez plu le premier jour où je vous ai vue. Je vous ai conté mes affaires ; vous voyez que j'ai confiance en vous. Voulez-vous me rendre un service ?

— De grand cœur, si je le puis.

— Vous le pourrez, me dit-elle.

— Parlez alors.

— En me sauvant de chez cet homme, je veux emporter mes effets ; voulez-vous me permettre de vous les envoyer petit à petit, car je ne connais personne que ses amis ; je vais me cacher d'eux. Vous ne direz rien, n'est-ce pas ?

Je le lui promis.

— Venez ce soir, me dit-elle ; surtout ne dites pas que vous m'avez vue ; ne me parlez pas beaucoup. Je vous dirai à la chance de qui il faut vous associer.

— Merci ! lui dis-je ; j'irai ce soir pour la dernière fois, je ne veux pas m'exposer ; mais vous pouvez compter sur moi, quand même.

Quand elle fut partie, je pensai à tout ce qu'elle m'avait dit. Si je n'avais pas eu le désir d'avoir de l'argent pour retourner auprès de Robert, certes, je n'aurais pas remis les pieds dans cette maison qui me faisait grand'peur ; l'amitié même de la maîtresse du logis ne me rassurait pas.

J'arrivai à minuit. Il y avait plus de monde que la première fois ; le jeu était animé. Je regardai cet homme dont on m'avait raconté l'histoire ; sa figure portait bien son caractère. Il me dégoûta.

C'est une chose étrange que la facilité avec laquelle les vices s'affranchissent de tous les obstacles pour assouvir leurs passions.

L'argent était si rare, que le gouvernement venait d'accorder du temps pour payer et ouvrait des ateliers nationaux ; les propriétaires diminuaient les loyers d'un tiers, la rente valait cinquante francs, le Mont-de-Piété ne prêtait plus au-dessus de cent francs, et le commerce était à l'agonie ! Eh bien ! il y avait sur cette table des montagnes d'or, d'argent et de billets ; l'or valait cinquante francs le mille de change ; l'émigration le rendait tous les jours plus cher.

Où tout le monde s'était-il procuré cet argent, avec quelle peine et à quel prix chacun avait-il dû l'avoir? L'or changeait de place, ne laissant à celui qui le perdait qu'un son étouffé par le tapis doublé.

Il y avait là de vieilles beautés de Frascati, qui trouvaient que tout cela avait l'air misérable auprès de ce qu'elles avaient vu. L'une d'elles, qu'on appelait Blais, me disait, en me voyant contente de gagner mille francs :

— Comment, ma petite, vous vous réjouissez de si peu ! mais j'ai eu cent mille francs devant moi dans une partie ; j'avais voiture, des diamants superbes ; je ne me rappelle pas avoir éprouvé tant de joie que vous pour ces quelques louis. Décidément les femmes dégénèrent !

Je compris que cela voulait dire que j'étais bête, et comme la leçon m'était donnée à haute voix, j'y répondis de même.

— Vous auriez bien dû garder quelque chose de vos splendeurs ; j'espère qu'à votre âge, quoique j'en aie eu moins que vous, il m'en restera davantage. Vous devriez taire ces richesses qui vous ont si mal profité.

En effet, cette femme, après avoir été fort belle, après avoir été, comme elle me le disait, comblée, vivait dans une misère atroce ; elle avait un fils dans la marine. Ce pauvre enfant l'adorait ; il lui envoyait le peu d'argent qu'il gagnait. C'était un chef-d'œuvre de bonté.

J'avais échangé deux regards avec la Pépine, qui me disait de jouer prudemment ; j'avait gagné trois mille francs. J'avais envie de partir, je crois même que je m'y préparais, car j'avais mon argent dans ma poche, quand un coup de sonnette fit sauter tout le monde.

— Ce n'est pas le signal, dit le banquier, qui était d'une pâleur livide.

Un second coup plus fort se fit entendre.

— C'est la police ! dirent ensemble tous les joueurs.

Je me sentis mourir. La Pépine était près de moi, pâle, tremblante.

— Ouvrez ! dit le maître de la maison à un domestique, et en même temps il fit jouer un ressort. La table s'ouvrit dans le milieu ; tout l'argent disparut dans un double fond.

Des éclats de rire nous tirèrent de notre stupeur ; c'étaient des jeunes gens qui ne se rappelaient pas qu'il y avait un signal pour se faire ouvrir. Ils rirent de la peur qu'ils avaient faite à tout le monde ; mais je ne pouvais me remettre, mes dents claquaient. Je passai dans l'autre pièce. La Pépine était seule.

— Comprenez-vous, me dit-elle, ce que j'endure ici ?

— Oui, lui dis-je, je m'en vais et n'y reviendrai jamais. Sortez-en le plus vite possible ; vous savez où je demeure ; adieu.

Je remerciai Dieu, le soir en me couchant, d'en avoir été quitte pour la peur.

XXVIII

DÉCEPTIONS.

Le lendemain, je suivais les boulevards, quand quelqu'un, qui marchait sur mes talons, me dit en me touchant le bras :

— Enfin, c'est vous, je vous retrouve.

Je fermai les yeux ; la voix m'était inconnue ; j'eus peur.

— Vous ne voulez donc pas me reconnaître?

J'ouvris les yeux et je vis... le naufragé du Havre, que je croyais avoir laissé pour toujours sur la grève.

— Ah ça! me dit-il, où vous cachez-vous donc? Je suis à Paris depuis un mois, je ne suis plus un provincial ; je sais le vrai nom de l'apparition que j'ai trouvée dans la vie, entre deux orages. Vous ne m'avez pas trompé. Vous vous appelez bien Mogador. On m'a dit pis que pendre de vous, mais cela m'est égal. Je ne vous en aime que davantage. Nous avons un compte à régler ensemble. Savez-vous que vous m'avez planté là d'une façon brutale ? Pourtant, je ne vous en veux pas. Où demeurez-vous ?

Je me disais :

« Eh bien ! il est toujours le même ; il va droit au but. Est-ce qu'il s'imagine que je vais le recevoir ? » Je ne voulus pas lui donner mon adresse, mais il ne me quitta pas. Comme il me fallut bien rentrer, il me suivit. Je lui dis à ma porte :

— A revoir.

— Comment, à revoir ! est-ce que vous croyez que je vous quitte comme ça ? merci ! Voilà un mois que je vous cherche, et, quand je vous trouve, vous ne m'offrez pas de me reposer cinq minutes chez vous ! Dans ma Provence, on est plus aimable que ça.

Je me mis à rire. Je montai l'escalier ; il me suivit. Arrivés chez moi, nous causâmes longtemps ; tout ce qu'il me fit de protestations d'amour est incroyable. Il était cinq heures, je dînais chez une amie ; je le priai de me laisser m'habiller. Il partit, mais, à dix heures, le lendemain, il était chez moi. Je pensai avec effroi que, pour m'en débarrasser, il me faudrait quitter Paris. Je lui disais tous mes défauts, il les enchâssait comme des diamants dans ses rêves, les entourait de fleurs et ne voulait pas les voir. Pourtant, je l'amenai petit à petit à l'idée de n'être que mon ami; je lui disais chaque jour que j'en aimais un autre, que j'étais trop franche pour le tromper. Il se fit à cette pensée, et ne me parla plus de son amour. Il m'était dévoué comme on ne l'est pas, en général, aux femmes que l'on ne possède pas.

Un jour, j'étais triste, il me demanda pourquoi. Je lui montrai mon âme, et lui fis voir le point noir de ma vie. Il me quitta sans rien me dire; le lendemain, il revint triomphant.

— Vous croyez, Céleste, qu'il n'y a pas d'amitié possible d'homme à femme. Eh bien! j'ai trouvé le moyen de vous montrer que si. J'ai écrit hier au préfet pour lui demander votre radiation; vous serez libre. Vous me devrez votre liberté. Croyez-vous maintenant à mon affection?

Un éclair de joie me monta du cœur au visage, et puis, réfléchissant à tous les obstacles, je redevins pensive.

— Vous doutez de mon succès, me dit il, eh bien! vous verrez; j'aurai la réponse dans six jours. Je ne viendrai vous voir que quand je l'aurai.

Je le remerciai du plus profond de mon cœur ; mais un pressentiment me disait qu'il n'arriverait à rien.

Je reçus une bonne lettre de Robert, qui me fit patienter, car les jours me paraissaient d'une longueur atroce. Je n'avais plus que deux jours à attendre, lorsqu'un commissionnaire m'apporta une malle et une petite cassette.

— Mlle Pépine vous prie de garder cela jusqu'à ce qu'elle vienne le chercher, me dit le commissionnaire.

Je n'osais refuser, j'avais promis. Pourtant, en ce moment où je devais me tenir sur mes gardes, voir cette femme, recevoir ses effets, me paraissait imprudent. Qu'y avait-il dans cette malle? Peut-être de quoi me compromettre. Je cherchai un moyen de me défaire de tout cela sans en trouver un de raisonnable. J'attendis donc au lendemain.

J'allais écrire, quand une voiture s'arrêta à ma porte. Je vis entrer la Pépine ; elle était tout en noir ; elle serrait son voile sur sa figure, comme quelqu'un qui se cache.

— Ah! lui dis-je, en lui ouvrant, j'étais au moment de vous écrire. Je ne puis garder ces malles sans savoir ce qu'elles contiennent.

— C'est inutile, je viens les chercher, me dit-elle. Je quitte la France cette nuit, je les emporte; j'ai repris ce qu'il m'avait volé ; je pars pour mon pays. Demain son tripot sera fermé ; il sera arrêté, il ne pourra courir après moi. Je suis bien heureuse, allez ! Voilà dix ans que j'attends cette vengeance ; elle est complète. Adieu, ma chère amie, je vous remercie ; je ne vous reverrai peut-être jamais. Croyez-moi, n'allez plus dans les maisons de jeu; on ne peut jamais distinguer les fripons des honnêtes gens.

Elle m'embrassa, fit descendre ses malles par Marie. Je respirai plus librement quand j'entendis sa voiture s'éloigner.

Huit jours s'étaient passés sans que j'eusse des nouvelles de la demande qui avait été faite. Je reçus une longue lettre de mon naufragé ; je compris que la réponse avait été mauvaise, puisqu'il ne l'apportait pas lui-même ; je lus :

« Ma chère Céleste,

» Je suis trop peiné de ma défaite, pour aller vous la raconter moi-même. J'ai été appelé hier; mais, hélas !...

On m'a demandé ce que je vous étais ; j'ai dit que j'étais votre ami.

» — Avez-vous l'intention de la prendre avec vous, de l'emmener, ou de lui faire des rentes pour lui assurer une vie honnête ?

» J'avoue, ma pauvre amie, que je fus embarrassé ; car vous n'auriez pas voulu me suivre, et ma fortune étant indivise avec celle de mon père, je ne pouvais promettre de remplir l'autre alternative.

» Je sortis bien triste, ma chère Céleste ; croyez que si je l'avais pu, je n'aurais pas hésité, quelque sacrifice qu'il m'en eût coûté ; mais j'ai mon père à qui je n'oserais rien demander. Je pars désespéré. Pardonnez-moi le fol espoir que je vous ai donné ; plus tard, si je puis vous montrer combien je vous aime, vous verrez que j'étais sincère. »

Je me mis à rire, je me faisais pitié. Je m'étais leurrée de cette folle illusion ; j'en avais fait ma vie pendant toute une semaine. Pourquoi tant d'illusion ? Qu'avais-je fait pour lui ? qu'était-il pour moi ? Il avait écrit une demande ; la belle affaire ! on n'avait pas même besoin de la dicter : un écrivain vous en compose une pour un franc. — Il m'aime, tant mieux ! cela me fait plaisir ; je voudrais qu'il souffrît ; je le déteste pour les souvenirs qu'il a remués en moi et mon espérance perdue. La justice personnelle n'est pas le côté dominant chez les êtres bien élevés et moins encore chez les pauvres ignorants qui ont tout à envier. Les déceptions qu'ils éprouvent leur semblent injustes, et ils ressentent une véritable souffrance de leurs chimères, parce qu'ils ne savent pas raisonner. Les femmes d'un naturel nerveux s'irritent d'être traitées un jour en souveraines, le lendemain en esclaves. Elles se plaignent et accusent les hommes de faiblesse, d'injustice. Le cœur se gâte à contracter de honteuses amours. Les femmes deviennent envieuses, méchantes jusqu'à la haine, le jour où on les force à se mépriser elles-mêmes. En avançant dans la vie, j'ai pu me rendre compte de cela. Je voyais les choses telles qu'elles étaient, et je les disais comme je les voyais. Ma franchise n'était pas goûtée; mais mon entourage féminin me déplaisait tellement, que j'aimais autant avoir des ennemies que des amies.

XXIX

L'INSURRECTION DE JUIN.

L'été arrivait ; il était triste, pour moi, du moins : quand on a du chagrin, le soleil vous semble pâle. Robert revint enfin à Paris ; tout me parut beau, gai, malgré les bruits sinistres qui se répandaient partout. Les alarmistes, qui parlent du mal un an avant que le mal n'existe et un an après que le mal n'est plus, avaient beau jeu. Les pavés semblaient se soulever pour laisser voir de grosses pièces de canon toutes prêtes à démasquer leurs batteries ; les esprits étaient la poudre ; les journaux, la mèche ; enfin, il devenait certain qu'on allait se battre encore : la guerre civile, ce monstre qui me fait si peur, allait ouvrir sa gueule béante. Dieu seul savait que de sang et de victimes il faudrait pour le rassasier.

La gêne générale était à son comble; qu'allait-on devenir? Robert était très-inquiet; il ne pouvait pas payer ses droits de succession : il ne touchait aucun fermage. Il était venu pour tâcher d'arranger ses affaires. L'insurrection de juin éclata comme une bombe ; la terreur devint extrême. Une boutique de ma maison venait d'être changée en poste pour les soldats de la garde mobile; Robert avait rejoint la garde nationale. J'étais sur la porte cochère, avec d'autres locataires, ramassant les nouvelles. Notre quartier était calme; les rues étaient trop larges, on n'y avait pas fait de barricades. Nous entendions un roulement sourd.

Un piquet de la ligne amena des petits mobiles qui avaient été désarmés dans leur poste. Ils étaient écumants de rage, ils voulaient aller se battre; on eut toutes les peines du monde à les calmer, encore n'y parvint-on qu'en leur promettant de la besogne pour le lendemain. Ils écoutaient avec nous; ils nous racontaient ce qu'ils avaient vu, ce qu'ils savaient. Dans un pareil moment, on fait vite connaissance; on leur donnait à boire et à manger. Je ne puis me souvenir d'eux sans un serrement de cœur. Pauvres enfants! Ils étaient vingt, le plus âgé avait vingt et un ans. Ils jouaient au soldat; triste jeu, qui a coûté la vie à la moitié d'entre eux. Ils étaient radieux, quand on vint les prendre pour les mener au feu.

L'un d'eux revint le lendemain voir sa mère; il avait un crêpe au bras : son frère et dix de ses camarades avaient été tués; il repartait se battre.

Le Marais était assiégé; des maisons entières avaient été passées au fil de l'épée ; on avait tiré par les fenêtres. Je sentis en moi frémir quelque chose d'étrange.

— Venez-vous de la rue Saint-Louis?

— Oui, mais je n'ai pu y rester, car c'est le centre le plus fort de l'insurrection de ce côté; les maisons sont criblées.

Je poussai un grand cri. Ma mère demeurait au Marais, rue Saint-Louis; ma tendresse pour elle revint avec mes craintes.

— Marie, dis-je à ma bonne, donnez-moi vite un châle, un chapeau; il faut que je voie ma mère de suite. Mon Dieu! s'il lui était arrivé quelque chose!... Ah! mes pressentiments me disent que j'arriverai trop tard. Vite, Marie! vite, Marie!

— Où voulez-vous donc aller? me dit le petit mobile, on ne passe nulle part; il y a des ordonnances d'affichées; l'artillerie est au bivouac sur les boulevards; pas un bourgeois ne doit sortir; vous ne feriez pas vingt pas.

— Je dirai que je veux voir ma mère, on me laissera passer.

— Je vous assure que non, à moins que vous n'ayez un laisser-passer du commissaire.

— Eh bien, j'irai en chercher un.

— Madame, je vous en prie, ne sortez pas, me disait Marie en larmes, vous allez vous faire tuer, ou bien emmenez-moi.

— Non pas, ma fille, restez; l'inquiétude est pire que la mort. Ma vie, la belle affaire! Est-ce que Robert n'expose pas la sienne? Où est-il? Quand j'aurai vu ma mère, j'irai le chercher.

Et je partis.

Le bureau du commissaire avait été transféré au ministère; on me barra vingt fois le passage jusque-là; mais je priai, j'insistai, j'arrivai à lui. Il me connaissait pour m'avoir vue à l'Hippodrome, où il avait été de service.

— Que me voulez-vous, mon enfant? me dit-il d'un air bienveillant, qui me rassura un peu.

— Monsieur, je viens vous prier de me donner un laisser-passer pour aller rue Saint-Louis, au Marais.

— Mais c'est impossible, on ne circule pas ; et puis, on se bat par là, vous n'arriveriez pas.

— Oh ! si, monsieur, j'arriverai, si vous me donnez un laisser-passer. Ma mère demeure par là ; sa maison est une de celles sur lesquelles on a tiré ce matin ; la bataille se resserre du côté du faubourg Saint-Antoine...J'arriverai... Je vous en supplie, donnez-moi un laisser-passer, je vous le rapporterai dans deux heures.

Les larmes me tombèrent des yeux, je ne pouvais plus les retenir. Il y avait dans son cabinet deux messieurs, qui portaient à la boutonnière des rubans brodés pareils.

— Elle est courageuse, dit l'un d'eux, donnez-le-lui. Elle est inquiète de sa mère, c'est bien naturel.

— Tenez, me dit le commissaire qui me tendait un papier, soyez prudente, prenez par les rues.

— Merci, mille fois merci ! monsieur.

En bas, je trouvai Marie, qui m'avait suivie.

— Allez-vous-en, lui dis-je, je ne veux pas vous exposer.

— Non, je ne veux pas m'en aller... je vous suivrai malgré vous.

Je n'avais pas le temps de discuter, je partis. A chaque instant, on voulait me faire rebrousser chemin ; je montrais mon papier, on me regardait étonné, mais on me laissait passer. Nous étions place de la Bourse; des pelotons d'hommes, en bisets, en conduisaient d'autres, habillés comme eux : c'étaient des prisonniers; ils étaient désarmés. Il n'y avait que cette différence entre eux.

J'arrivai à la rue de Vendôme, après mille détours. La rue était gardée par les petits mobiles. Ils étaient noirs de poudre; la rue était encore chaude du feu qu'on avait fait.

— Ouvrez les persiennes et fermez les croisées! criaient-ils en regardant en l'air, ou nous montons. Ils font des meurtrières avec leurs persiennes, et, cachés derrière, ils nous tirent comme des mouches.

La bataille les avait enivrés, car beaucoup d'entre eux me parurent chanceler; ils faisaient manœuvrer leurs fusils chargés, d'une manière imprudente, dangereuse pour eux-mêmes.

Je passai près de deux mobiles qui n'étaient pas du même avis ou de la même opinion; ils se querellaient.

— Tiens, vois-tu, il n'y a qu'un moyen de nous mettre d'accord, dit l'un : mets-toi à vingt-cinq pas devant moi; nous tirerons chacun notre coup de fusil: c'est celui qui descendra l'autre qui aura raison.

Comme l'autre se disposait à marcher, mon

sang se glaça. Un coup de feu partit. Tous sautèrent sur leurs armes et se couchèrent en joue les uns les autres, ne sachant pas si l'attaque venait d'entre eux. C'était affreux à voir.

Je m'étais réfugiée dans l'angle d'une porte cochère; Marie se serrait près de moi.

Voyant que c'était une fausse alerte, ils désarmèrent leurs fusils. Un second coup partit dans notre direction. Je vis l'éclair du feu sortir du canon, j'entendis la balle siffler, et s'enfoncer dans le bois de la porte contre laquelle j'étais appuyée. Marie faillit s'évanouir, je la soutins en regardant en l'air, la balle avait été se loger à deux pieds au-dessus de notre tête.

— Allons, remettez-vous, et venez, Marie. Pourquoi m'avez-vous suivie, si vous êtes poltronne?

— Oh! madame, je ne suis pas poltronne, mais j'ai eu peur.

Et elle tremblait de tous ses membres, ce qui m'aurait fait rire, si ç'eût été permis dans un pareil moment.

Le feu ne cessait pas; on tirait le canon dans le faubourg Saint-Antoine.

Les carreaux que les balles de la veille et du matin avaient épargnés tombaient comme une pluie. On eût dit que le sol tremblait sous mes pieds. Je voyais la maison où demeurait ma mère, cela ranima mon courage. Nous fûmes obligées d'escalader une grande barricade qui traversait la rue Saint-Louis, au bout de la rue des Filles-du-Calvaire. A peine étions-nous descendues qu'on tira sur des fuyards qui venaient de notre côté. Ils parvinrent à entrer dans une maison ; celle de ma mère était à moitié démolie ; le concierge avait été tué la veille. Sa femme était, avec trois petits enfants, autour de son lit.

— Où est ma mère ? lui dis-je, sans prendre garde à cette douleur que je troublais ; il ne lui est rien arrivé ?

— Qui est votre mère ? me demanda brusquement la femme qui pleurait ; elle ne me connaissait pas.

— Pardon, madame, je demande...

Je n'avais pas fini ma phrase que Vincent entra.

— Tiens ! me dit-il, c'est toi, Céleste. Ta mère est en haut... monte ; elle va bien. Dieu merci, il ne nous est rien arrivé, bien que ça ait chauffé par ici.

Sa vue et sa voix avaient réveillé ma haine pour lui, mon indifférence pour ma mère. Je passai devant lui pour redescendre.

— Tu ne montes pas ? me dit-il de nouveau.

— Non, je sais ce que je voulais savoir. Adieu.

Il m'appela. Je sortis sans répondre.

— Eh bien, madame ? me dit Marie, qui, me voyant les sourcils froncés, croyait à un malheur.

— Eh bien, ma pauvre Marie, elle vit pour tout le monde, excepté pour moi... Robert, si je savais où est Robert!... Venez, Marie, nous allons essayer de passer par les boulevards ; il doit y avoir moins de danger que par les rues.

Pourtant nous fûmes obligées de suivre jusqu'à la rue du Temple ; c'est là seulement qu'on nous laissa passer. Sur ce point, je vis beaucoup de personnes que je connaissais ; on s'étonnait de me voir, on m'aidait à passer. Les boutiques étaient fermées, sauf une ou deux, de loin en loin, qui servaient d'ambulances. Les côtés du boulevard servaient de lit de camp aux soldats. La chaussée était couverte de paille pour les chevaux, de pièces de canon, de munitions, de faisceaux d'armes ; rien n'y manquait. Quelques blessés, que les chirurgiens avaient pansés, étaient là, au milieu des groupes, écoutant ; ils ne pouvaient plus combattre, mais ils voulaient entendre. J'aurais cru que, dans un pareil moment, tout était triste, pâle d'émotion. Non, leur front était calme. Ce courage était sublime.

On se battait près d'eux, leur tour allait venir ;

ils avaient l'air heureux, sans morgue, comme sans faiblesse.

Je marchais, émerveillée de ce que je voyais. Quel magnifique aspect! comme cela grandissait l'âme!

Ah! pourquoi ne suis-je pas un homme! Que ce doit être beau de voir ces régiments en face de l'ennemi! J'avançais en gravant dans ma pensée tout ce que je voyais, et toute fière d'être du pays de ces braves gens!

— Mais non, je ne me trompe pas, dit, en me barrant le passage, un jeune homme qui portait l'uniforme de chirurgien, c'est Céleste! Que faites-vous donc, ma chère amie, au milieu de nous?

J'avais reconnu l'ami d'Adolphe; je lui serrai les mains, et l'embrassai sans qu'il me le demandât, heureuse que j'étais de pouvoir dire au moins à l'un, combien j'aimais et j'admirais les autres.

— Je viens de savoir des nouvelles de ma mère... Voyez-vous toujours Adolphe? comment va-t-il?

— Ah! vous ne l'avez pas vu, vous qui venez de par là? Il était là-haut, à la Bastille. On m'a dit ce matin qu'il y avait des médecins de blessés; que l'on croyait que l'un d'eux était lui.

Je devins pâle comme la mort. Je me sentis émue.

— Voyons, ne vous faites pas de mal comme

cela ; si j'avais su que cela vous fît tant d'effet, je ne vous l'aurais pas dit, et puis ce n'est pas certain. Puisque vous avez un laisser-passer, allez jusque chez lui ; il demeure rue de Bourgogne.

Je lui serrai la main sans répondre, et je partis aussi vite que me le permettait la foule. L'idée que cet homme était blessé, courait peut-être un danger de mort, me causa un grand chagrin.

Arrivée place de la Concorde, on refusa de me laisser traverser le pont. Il y avait un bivouac de cuirassiers ; au milieu, plusieurs hommes en habit noir portant à la boutonnière le même ruban que ceux que j'avais vus chez le commissaire. J'allai à eux, et, m'adressant au plus âgé, je lui dis :

— Monsieur, pouvez-vous me faire donner la permission de passer sur le pont ? je voudrais aller rue de Bourgogne.

— Certainement, madame, si vous voulez prendre mon bras, je vais vous conduire.

Je refusai, dans son intérêt. Qu'allait-on penser si l'on voyait un représentant du peuple donner le bras à Mogador ? Il insista, je résistai. Un autre se joignit à lui, et je fus, malgré moi, accompagnée des deux. Je les remerciai de mon mieux et leur souhaitai, en les quittant, tous les bonheurs possibles. Tout le long des quais, de l'autre côté du pont, il y avait des gardes nationaux. Je passai au milieu du groupe, et j'entendis rire de si bon cœur, que je me retournai. C'était M. Charles de la Gui..., un ami de Robert.

— Oh! elle est trop forte! me dit-il en riant tout haut; voilà un monsieur de ma compagnie qui disait, en vous voyant venir, que l'on devrait vous arrêter parce que vous devez porter des cartouches aux insurgés... Ça va bien? Où donc allez-vous? Avez-vous besoin de moi?... Ça fait plaisir de voir une figure de femme.

Mon histoire avec les deux représentants le fit rire comme un enfant.

Je le quittai.

— Dites bien des choses à Robert, si vous le voyez.

J'entendis ces paroles, mais je ne pus lui répondre, j'étais trop loin.

Arrivée rue de Bourgogne, je m'arrêtai à la porte comme quelqu'un qui a peur. Ce fut le concierge qui vint à moi.

— Qui demandez-vous, mademoiselle?

— Monsieur Adolphe, s'il vous plaît.

— C'est ici, mais il n'y est pas. Il a été blessé à la jambe; il est chez sa mère.

— Savez-vous si sa blessure est grave?

— Non, presque rien, heureusement.

Je laissai mon nom, et je partis, non rassurée, mais moins inquiète, et reportant toutes mes pensées à Robert.

Il m'attendait chez moi. Il poussa un cri de joie en me voyant. Son inquiétude me fit du bien. Il me regardait et semblait heureux de me revoir. Robert, c'était ma famille, à moi! Je n'avais que lui au monde, que m'importait le reste! Quand il était près de moi, je n'avais plus rien à demander au ciel. Il s'était défendu de cet amour; les convenances lui faisaient un devoir de me quitter; la république donnait bien autre chose à penser à la société. Robert se sentit moins gêné, et se donna à son goût pour moi sans réserve. On chantait d'une façon fatigante ces deux chansons : *Mourir pour la patrie*, et *Les peuples sont pour nous des frères*. (A cette phrase, on se mettait le poing, à celle-ci on se mettait la main sur le cœur.) *Et les tyrans des ennemis!* Je ne sais pas si Robert avait une opinion politique; c'est probable, mais comme il avait infiniment d'esprit, il n'en parlait jamais, à moi surtout. Il disait que les femmes qui s'occupaient de cela devraient être fouettées. C'était mon avis, nous étions d'accord sur ce point: seulement, quand il venait un chanteur dans notre cour, il l'assommait de pièces de deux sous pour qu'il se sauvât. Je l'appelais mauvais frère, mauvais citoyen ; cela nous faisait rire. C'était bien innocent.

Robert attendait de l'argent pour repartir ; je lui offris ce qui me restait de ce que j'avais gagné. Il refusa et attendit plusieurs jours. Paris était en deuil. Beaucoup de monde avait péri, la confiance était loin de reprendre.

Robert était allé chez son homme d'affaires ; il rentra triste et me dit :

— Pas encore d'argent ! Il faudra pourtant que je parte ; j'ai besoin chez moi. Écoute, Céleste, je t'aime beaucoup, mais je ne suis pas assez riche pour te garder avec ces charges. Si tu veux, mon château est démeublé, emporte ton mobilier, tu n'auras pas de loyer à payer ; nous vivrons heureux chez moi ; je vais faire des réformes ; si, un jour, nous nous séparons, et que je me marie, je te payerai ce que j'aurai à toi.

Ce jour fut un des plus beaux de ma vie.

Aller chez le propriétaire, lui dire que je déménageais et qu'il tâchât de louer mon appartement pour mon compte ; aller à la poste aux chevaux, faire mes paquets, tout cela fut l'affaire de quelques heures.

Mon mobilier était considérable ; on ne pouvait tout emporter sans faire des frais énormes. Je demandai à Robert si je ne ferais pas bien de louer un petit logement pour mettre le mobilier d'une des chambres à coucher, ce qui nous ferait un pied-à-terre à Paris, en cas de besoin. Il approuva cette idée. Je me mis en route et je trouvai le lendemain, rue de Londres, 42, un petit appartement de six cents francs, vacant. Il y avait une chambre à coucher, un salon sur le devant, une petite salle à manger, une cuisine sur le derrière. Je l'arrêtai le même jour. J'y fis porter le mobilier d'une chambre perse; je mis dans le salon les meubles en chêne de ma salle à manger.

Tout était prêt pour notre départ. Je forçai Robert à prendre cinq cents francs en or qui me restaient. Alors c'était presque une fortune. Il m'apporta le même jour un bijou qui valait plus de trois mille francs. Je lui en fis des reproches, il ne m'écouta pas; je dus paraître contente pour ne pas le contrarier. Pourtant je trouvais cette dépense folle et je la regrettais. C'était payer bien cher le droit d'accepter comme prêt mes pauvres cinq cents francs.

XXX

LA VIE DE CHATEAU.

Arrivée dans son château, je montai mon métier de tapisserie, et je commençai de grands ouvrages.

Mon séjour chez Robert n'avait plus un caractère aussi incertain. Je prévis qu'il se prolongerait, et, passant brusquement de la vie la plus agitée à l'existence la plus tranquille, j'avais besoin de me créer une occupation qui m'aidât à passer de longues heures dans cette solitude qui, pour être presque royale, n'était pas moins la solitude. Je m'habillais modestement; je ne voulais pas que les gens du pays pussent dire que j'étais une fainéante et que je ruinais Robert par ma coquetterie. Ce n'était pas, du reste, une tâche pénible que je m'étais imposée. Le luxe m'ennuyait et j'ai toujours eu horreur de l'inaction. Aussi, tous les gens qui traversaient le parc pour aller d'une route à l'autre me voyaient-ils à la fenêtre de ma chambre, travaillant sans relâche. Les femmes qui ont fait de la tapisserie diront comme moi, que cela devient une rage qui vous ferait perdre le boire et le manger; à huit heures j'étais à l'ouvrage, jusqu'à la nuit. J'avais emmené Marie, qui faisait du fond; je ne sortais jamais; il venait de pauvres petits enfants me voir : alors je laissais de côté la tapisserie, et, avec des rideaux de perse, de toile ancienne, trouvés dans les armoires du château, nous improvisions un atelier de couturières; mes petites filles s'en allaient avec une bonne robe.

Petit à petit les gens de la maison se firent à moi. La fille du régisseur venait me voir. Elle avait vingt-trois ans; elle était ce que j'ai vu au monde de plus laid, mais très-bonne et indulgente comme la vertu. Je l'aimais beaucoup; je crois qu'elle me le rendait. Cette vie me paraissait être celle des élus. Chaque jour j'avais un peu plus de liberté. Je montais quelquefois à cheval. Si par moments j'étais triste, c'est que j'avais peur d'être obligée d'abandonner une existence qui comblait mes vœux. Je rêvais au moyen de me l'assurer. Robert aimait les enfants : si j'en avais un, peut-être m'aimerait-il davantage.

Une petite fille venait me voir plus souvent que les autres ; on l'appelait Solange ; elle était jolie comme un ange. C'était ma préférée. Ses parents étaient bien pauvres ; ils avaient sept enfants tout jeunes.

Je donnais à ma petite Solange le plus que je pouvais. Un jour elle me dit :

— Pourquoi donc que tu ne viens pas me voir, demoiselle ? mes petits frères t'aimeraient bien ; grand'maman est aveugle, mais elle n'est pas sourde, va ; quand je porte le sucre que tu me donnes, elle l'entend bien. Je te donnerai du lait de mes chèvres ; c'est pas loin d'ici, le Ris. Quand viendras-tu ?

— Je ne sais pas, mais j'irai un de ces jours avec Célina, la fille du régisseur.

— Oui, bien, me dit la petite en sautant ; ce jour-là je mettrai ma belle robe que tu m'as donnée et on peignera le chignon à grand'mère, parce qu'elle est toujours ébouriffée.

J'avais lu les livres de Mme Sand, et je me faisais une fête de visiter les paysages qu'elle avait décrits. J'allai voir la Mare-au-Diable. Quelle déception! Je trouvai une mare pleine de vase, ornée de beaucoup de canards. Je me désillusionnai sur le pays que j'avais cru enchanté. Tout le monde avait la fièvre. Chacun était grêle, maigre; les figures, même ordinaires, sont rares; l'esprit est lourd. On se croirait au fond de quelque contrée sauvage, tant la civilisation est en retard. Les paysans sont minables, leurs petites chaumières sentent la misère; quand on entre chez eux, cela fait mal à voir; ils vivent plus misérablement que des sauvages; nul soin d'eux-mêmes, nul souci de la santé et de la vie de leurs parents. Ainsi, un homme âgé de soixante-seize ans, qui demeurait près de nous, était malade; on n'avait pas voulu demander le médecin, parce que cela coûtait de l'argent. Le jour même où je l'appris, le docteur vint nous voir: je le priai d'aller faire une visite à ce pauvre vieillard.

Il s'y rendit aussitôt, et après avoir regardé le moribond:

— Toujours de même, dit-il à la fille qui était là, vous m'envoyez chercher quand il n'y a plus de ressource.

Savez-vous ce qu'elle répondit?

— Oh! monsieur le *médechin*, c'est-y dommage que j'*avons* pas su ça *à ce* matin.

— Pourquoi? fit le docteur.

— Parce que j'*aurin* acheté des épingles pour ensevelir mon père.

— C'est pas la peine, dit le vieillard à sa fille, tu en trouveras sur la cheminée dans un petit pot.

On n'a pas d'idée d'une pareille sauvagerie. Ils se laissent mourir; eh bien! ils ont tous un champ, un pré, une locature; le plus malheureux a un peu de bien. Il ont abrégé leur vie pour l'amasser; ils se laissent mourir plutôt que d'y toucher.

Le peu d'argent que Robert me donnait servait à des aumônes; je ne pouvais voir cette misère sans un serrement de cœur; qui ne les voyait pas chez eux en était moins frappé. Ainsi, le dimanche, quand le *cornemuseu* passe, chacun sort; les filles ont une coiffe blanche, un tablier de soie; les gars, comme on les appelle, ont un bourgeron, quelquefois une veste bien propre, le grand chapeau de feutre noir à larges bords; ils s'accouplent et suivent la musique jusqu'à la place où l'on danse; puis les bourrées commencent; depuis midi jusqu'à six heures on n'arrête pas; à la fin, on ne voit plus qu'un nuage de poussière.

Le lendemain la place est marquée par un grand creux fait par les danseurs; les hommes, qui se privent de tout dans la semaine, boivent du vin le dimanche; le premier verre leur porte à la tête; ils ne s'arrêtent plus. Il est impossible de leur faire comprendre qu'un peu tous les jours leur ferait du bien, leur donnerait de la force à l'ouvrage; ils ne veulent pas et boivent, s'ils le peuvent, quatre litres le dimanche. On oublie la messe pour le cabaret; le pasteur se plaignait beaucoup et venait faire ses doléances à Robert, qui n'en pouvait mais.

Je ne sais si l'on m'aimait dans le pays à cette époque, mais je suis certaine qu'on ne me haïssait pas et que mon installation au château ne faisait aucun tort à Robert. Je payais quelquefois la musette; Robert permettait qu'on dansât dans le parc. C'était grande fête : on m'invitait, je dansais la bourrée ou la boulangère ; quoique j'eusse le jarret solide, ils me rendaient des points.

Le piqueur avait trois filles ; l'une d'elles s'appelait Justine, petite brune de treize ans. Elle avait tant fait, tant tourné autour de moi, que j'avais fini par l'avoir toujours à mes côtés. Elle était charmante, bonne, travailleuse ; je lui montrais à faire de la tapisserie. Je l'habillais, elle était raisonnable comme une femme, et, je crois, m'était très-attachée. Le soir on jouait au volant.

Le jardinier avait deux filles ; l'une d'elles venait souvent avec nous. Elle avait seize ans; elle était aussi forte que moi et de ma taille. On trouvait qu'elle me ressemblait. On ne voyait jamais sa sœur, parce qu'elle était épileptique ; on la gardait à vue, toujours quelqu'un restait près d'elle. On la disait d'une beauté rare. Un jour, j'entrai dans sa chambre, et quoique je fusse prévenue, je restai toute surprise du spectacle qui frappa mes regards. Je vis, près de la cheminée, assise dans un fauteuil, une délicieuse créature ; elle ne bougea pas ; je lui parlai, elle remua les lèvres, tourna les yeux d'un air inquiet et ne répondit rien. Sa sœur accourut du dehors.

— Oh ! pardon, madame, elle ne vous répondra rien, elle est idiote ; elle nous donne bien du mal, allez. Quand ses attaques la prennent, elle nous fait signe de la coucher ; on n'ose pas la quitter, on a toujours peur du feu avec elle. Dans notre pays, en Bourgogne, les médecins ont renoncé à la soigner ; le bon Dieu ferait mieux de la reprendre, car elle souffre bien par moments. Hier, nous avions fermé toutes les portes, nous avions peur que monsieur le comte ne l'entendît ; elle jetait les hauts cris. Heureusement qu'il y a loin d'ici au château. La voilà calme pour quelques jours. C'est qu'elle est si forte, quand elle se débat dans ses crises, que nous ne pouvons pas en venir à bout... elle se donne des coups... elle se meurtrit... enfin c'est pitié de la voir.

Je ne pouvais détacher mes yeux de cette figure ;

celle de qui on parlait ainsi était calme, immobile ; son regard suivait nos lèvres ; il était beau, languissant ; sa peau d'un blanc transparent, ses lèvres rouges, ses dents petites et blanches, ses traits d'une régularité irréprochable lui donnaient l'air d'une poupée de cire, d'un automate. Je lui dis quelques paroles : elle regarda sa sœur, comme si l'une avait la vie des deux. Je sortis les larmes aux yeux, me demandant comment Dieu avait créé quelque chose de si parfait, s'il ne voulait pas lui donner l'existence de l'âme et les clartés de la raison.

L'hiver commençait à venir. Robert était heureux à l'idée que bientôt il allait chasser à courre. A part quelques petites querelles d'amoureux, le temps passait vite. Pourtant j'étais souvent tourmentée de l'avenir. Je voyais bien passer des moments de tristesse dans la pensée de Robert, mais il ne me disait rien. Ses amis de Paris venaient le voir ; il se mettait en quatre pour les bien recevoir ; il y parvenait, mais cela lui coûtait cher, car sa générosité dépassait tout ce qu'on peut imaginer ; il ne savait rien faire avec mesure.

Un jour, Robert nous dit, pendant le dîner.

— Si vous voulez, demain matin, nous irons chasser un lièvre dans les brandes ; Céleste sera de la partie.

Tout le monde fut enchanté ; Montji surtout, qui est une de nos anciennes connaissances ; c'est le peintre qui avait fait le portrait de Lise et plus tard le mien. Robert l'avait connu par moi et lui avait dit à la révolution : « Les arts vont souffrir, voulez-vous venir chez moi à la campagne ? » Montji avait accepté et d'aussi bon cœur il accepta la partie de chasse, quoiqu'elle ne fût pas sans danger pour lui, car il ne maniait pas aussi bien le cheval que le pinceau.

A cinq heures, tout le monde était prêt ; les chevaux sellés piaffaient dans la cour. Montji, qui en venant au château ne s'était pas attendu à monter à cheval, n'avait rien apporté. Robert fut obligé de lui prêter bottes, veste et culottes. Le tout lui était une fois trop large ; sa casquette lui tombait sur les yeux. Il montait une petite jument appelée Henriette, qui, sans être méchante, était chatouilleuse. A peine se fut-elle mise à trotter que Montji nous fit mourir de rire : quand il serrait les jambes, elle ruait ; quand il les écartait, il perdait l'assiette et s'accrochait à la crinière.

Il aurait bien voulu rester en arrière, mais Henriette n'était pas de son avis. Elle avait été montée par le piqueur, elle ne voulait pas quitter les chiens. Le pauvre Montji était toujours devant, bien malgré lui, faisant des sauts de deux pieds de haut sur sa selle. Il était brave, mais j'avais grand'peur, car je le voyais à chaque instant perdre l'équilibre. Il ne savait pas ce que c'était que la bride ou le bridon. Je lui avais arrangé les deux dans les mains, et de peur de ne plus savoir les reprendre, il ne les avait pas encore lâchés.

Arrivés au bout de l'avenue qui avait une lieue, nous débouchâmes dans une étendue immense ; c'était la brande, terrain inculte qui appartenait à Robert. Dans d'autres pays, on appelle cela lande. C'était une magnifique chasse. Cela paraissait uni comme une grande route, et en effet, à part quelques petits fossés ou bouchures, on suivait un lièvre ou un renard à vue. Le piqueur découpla vingt chiens qui se mirent à quêter ensemble, explorant chaque touffe de bruyère. La Tembel, chienne d'attaque, qui maraudait un peu, donna de la voix ; tous se rallièrent à elle, et un grand lièvre lui bondit devant le nez et vint passer dans les jambes de nos chevaux.

L'imprévoyant Montji poussa un grand cri de joie ; Henriette, voyant les chiens lancés, partit comme une flèche. Montji ne s'attendait pas à cela ; sa casquette s'enfonça sur ses yeux. Il lâcha la bride pour la relever. Henriette profita de cette liberté ; le pauvre Montji prit la crinière d'une main, la selle derrière lui de l'autre, et, ainsi cramponné, s'abandonna à la fougueuse passion pour la chasse de mademoiselle Henriette. Je les suivais de près; il sautait les fossés, les bouchures, comme le vent. Heureusement pour lui, le lièvre se rasa, les chiens perdirent la voie, revinrent sur le contre-pied; Henriette s'arrêta. Il n'avait aucun mal, mais il avait été secoué comme un prunier. Robert et Martin rirent de bon cœur, moi aussi, parce que ma peur était passée. Montji était en train de s'arranger, quand les chiens, retrouvant la piste à l'improviste, s'élancèrent de nouveau. Henriette reprit sa course avec l'infortuné Montji à cheval sur son cou, près de ses oreilles. Quand il le put, il mit pied à terre, et la punition d'Henriette fut d'entendre la chasse sans la suivre. Elle avait toujours le nez et les oreilles tendus du côté des chiens; il était impossible de perdre la chasse en forêt avec elle, si on la laissait aller où elle voulait.

Après avoir bien rusé, les chiens avaient pris leur lièvre, raidi par la course. On rallia les chiens qui gambadaient de tous côtés, car il y avait énormément de gibier. Montji remonta Henriette, qui fut plus calme et fit sa retraite au pas. Nous rentrâmes à onze heures. Le déjeuner fut gai aux dépens de Montji, qui faisait la grimace pour s'asseoir.

Les chasses en forêt sont bien autre chose. Je

croyais savoir monter à cheval, je m'étais fait illusion. On chassait le sanglier dans la forêt de Châteauroux, à six lieues du château. Le piqueur, ses chiens et ses chevaux de relais partirent la veille pour coucher près du rendez-vous. Le piqueur se leva à trois heures, fit le bois avec son limier. De notre côté, il fallut se lever à quatre heures; ces jours-là, Robert faisait sa barbe, mettait sa culotte de velours blanc, la botte molle, le gilet chamois, la redingote bleu foncé à parements et collet de velours cramoisi, le ceinturon d'or, le couteau à poignée d'ivoire, la toque de velours noir, le cor de chasse, et le costume était complet. Il lui allait à merveille. La cravate blanche était de rigueur. Une fois en chasse, il s'occupait peu de moi; il était tout à saint Hubert. Les matinées étaient froides; nous partions soit en break, soit à cheval; à neuf heures précises, nous étions aux Trois-Fouinots, magnifique carrefour de la forêt, où l'on fixait le rendez-vous. Les arbres y sont gigantesques; c'est la futaie réservée par le gouvernement pour la marine. Sans la voir, on ne peut se faire une idée de cette magnificence de la nature.

C'est donc là qu'on se réunissait. Trois valets de chiens gardaient, à chaque coin des routes qui se traversent, chacun un relais de vingt chiens.

Quatre domestiques tenaient en main les chevaux de selle ; tous portaient la livrée de Robert, marquée aux armes de sa maison ; tous les gardes de la forêt étaient réunis autour du feu qu'ils nous avaient fait. On se chauffait en attendant le rapport.

Huit routes faisaient le tour du rond-point. Chacun regardait si l'on voyait le piqueur. Robert, comme dans la *Barbe-Bleue*, disait souvent : « Ne voyez-vous rien venir? » A une de ces demandes, un garde répondit : « Voilà Pinoteau ; » c'était le premier piqueur. Tous les chiens dressèrent l'oreille et prêtèrent attention, comme s'ils comprenaient ce qui allait se dire. Pinoteau arriva, tiré par son limier, qu'il tenait en laisse.

— Eh bien! dit Robert, as-tu une bonne brisée au rapport?

Pinoteau secoua la tête d'un air triste :

— Monsieur le comte sait bien que je fais ce que je peux, et que quand je ne le contente pas, ce n'est pas ma faute. (Pinoteau faisait toujours des phrases.) Je n'ai rien de bon; il a plu cette nuit; les voies sont mouillées. J'ai trouvé une harde, mais mon chien l'a perdue. J'ai fait le pied d'un ragot; il a tourné toute la nuit, il est parti au petit jour du côté du bois de Saint-Maur.

— Bien, dit Robert en fronçant les sourcils, si

La Feuille (c'était le nom du second piqueur) n'a pas été plus adroit que toi, je ne chasserai pas.

La Feuille arriva.

— Eh bien? dit Robert.

— Monsieur le comte, j'ai un solitaire de deux cent cinquante. Je l'ai trouvé à la bauge, derrière la maison du garde; mon chien donnait à me couper les mains, il filait sur Ardentes. J'ai fait le tour de son enceinte, je suis sûr qu'il n'est pas sorti.

Robert sauta à cheval.

— Alerte! dit-il; mettez les chiens à l'attaque! Attention à vos relais!

A ce moment, tous les chiens se mirent à hurler d'impatience. On leur distribuait des coups de fouet; la douleur leur arrachait quelques cris plaintifs; mais ils continuaient à japper de plus belle. Robert me salua en me faisant signe de le suivre. Je le suivis. Mais quelle rude récréation que celle-là! Piquer sous bois, enfoncer dans des ornières où mon cheval entrait jusqu'au poitrail, recevoir des branches dans la poitrine... Certainement, il y a un moment d'enivrement quand c'est bien lancé, que les chiens donnent de la voix: cette musique est superbe et vous entraîne; mais quand les chiens perdent ou qu'ils prennent le change, cela manque de charme.

Mon premier enthousiasme se refroidissait peu

à peu et je commençais à réfléchir que c'était un plaisir dangereux et que j'aurais pu me tuer. Robert était transporté ; il ne pensait à rien, pas même à moi qui étais derrière lui. Je dois même dire, que dans la crainte que je ne fusse tentée de lui parler et de lui donner des distractions, il me perdait volontairement. Enfin, le soir, on avait forcé le monstre ; mais il avait fait tête aux chiens : Il y en avait quatre de tués et six de blessés.

Nous rentrâmes brisés de fatigue. Je pleurai les chiens ; je pris la chasse et les sangliers en horreur parce que je voyais en eux des rivaux. Je vous ai dit que la jalousie n'était pas mon moindre défaut.

XXXI

LE JARDIN D'HIVER. — RICHARD.

Ces grandes expéditions dans la forêt recommençaient trois fois par semaine. Pendant quelque temps je les suivis pour ne pas rester seule ; mais cela était décidément trop dur pour une femme et à cause de ma santé je fus forcée d'y renoncer. Ma vie redevint triste et je pressentis qu'une fois encore mon bonheur allait m'échapper. Robert ne m'aurait pas sacrifié une heure de son plaisir favori.

Je passais presque toutes mes journées et mes soirées seule, dans un grand salon où le vent soufflait par toutes les ouvertures. Plusieurs fois je dis à Robert :

— Mon ami, je m'ennuie; est-ce que vous ne pourriez pas rester plus souvent avec moi? Je n'aime pas la campagne, je suis habituée au bruit, au mouvement de Paris; pour vivre ici, il faut que je vous aime beaucoup. Je sais que vous ne pouvez pas vivre à Paris, parce que vous n'avez pas assez d'argent. Si le temps que vous passez ici vous servait à faire des économies, je prendrais patience, mais la chasse vous entraîne à des dépenses folles. Je n'ai plus l'air d'être pour quelque chose dans votre vie, et pourtant je vous jure que je vous fais un grand sacrifice en restant ici: car on ne fait pas son caractère, et l'isolement m'est antipathique.

— Pourquoi y restez-vous? Est-ce que je vous y retiens de force? J'aime la chasse, je prétends chasser tant qu'il me plaira ; ceux à qui cela ne conviendrait pas sont libres. Quant à des observations, je n'en reçois de personne; si une parente m'en faisait, je ne la reverrais plus. Je sais parfaitement ce que je fais et où je vais. Si je je mange mon argent, je n'en demanderai à personne.

Je quittai le salon et rentrai dans ma chambre pour pleurer.

Jamais il ne m'avait parlé comme cela.

Si les joies étaient vives, avec mon caractère les

douleurs étaient grandes. Il m'avait dit tout cela devant dix personnes; il ne me restait plus qu'à partir le lendemain. Je préparai toutes mes affaires pour mon départ. J'avais le cœur déchiré. Je me cherchais un tort qui le justifiât, et n'en trouvais pas.

Il entra dans ma chambre et me dit tout étonné :

— Que faites-vous donc ?

— Vous le voyez bien, je fais mes malles, je partirai demain.

— Partir ! pourquoi cela ?

— Parce que, pour une réflexion qui était juste, vous m'avez mise à la porte. Eh bien ! nous sommes seuls, et je vous le répète : ce train de maison vous ruine. Vous ne pourrez pas le continuer sans vous adjoindre une autre fortune, il faudra vous marier; alors vous me renverrez quand je me serai faite à cette vie; vous m'aurez montré le ciel, pour me rejeter dans mon enfer. On monte facilement de la misère à la grandeur, mais pour descendre de la grandeur à la misère, on souffre; quand on a du cœur, on se brise. Vous m'avez fait sentir durement, aujourd'hui, que j'étais chez vous; cela n'est pas généreux. C'est une fatale idée que vous avez eue de m'amener ici. Vous vous êtes fait du tort, et à moi vous m'avez montré les secrets et le bonheur d'une vie que je devais toujours ignorer; chaque chose me devenait chère ici. Folle, qui se permet de s'attacher à ce qui vous sert ou vous appartient! Sotte, qui se croirait digne de pitié, si, après avoir passé quelques années ici, on la chassait pour en recevoir une autre!... Mais regarde-toi donc, misérable, regarde donc ton passé, c'est ton ombre!... Vous avez raison, Robert; moi aussi j'ai raison : je n'aime pas la campagne; c'est une tombe où je mets ma gaieté. Quand je ne ris pas je pense et quand je pense je pleure. Quel intérêt voulez-vous que je prenne à tout ce qui m'entoure? Qu'est-ce que cela me fait que les peupliers poussent et gagnent vingt sous par an? est-ce que c'est à moi? Mariez-vous; pendant que vous chasserez, cela amusera votre femme. Moi, j'aime les bals, le théâtre, je veux m'en aller; je pleure, ce n'est pas parce que je vous regrette, c'est... Ah! je ne sais pas pourquoi je pleure.

— Vous pleurez, parce que vous avez mal aux nerfs; je ne comprends pas un mot de tout ce que vous venez de me dire. Je ne vous ai rien fait de blessant; si je l'ai fait, je vous en demande pardon; mais il ne faut pas abuser de moi. Je vous aime, vous le savez trop bien. Souvent, je suis triste, j'ai un remords, et puisque vous m'avez dit tout ce que vous aviez sur le cœur, j'en ferai autant. Je vous ai amenée ici, c'était rompre avec le monde. Je vous ai fait coucher dans la chambre de ma mère, vous, Céleste, qui tout-à-l'heure pâlissiez en regardant votre passé dans cette glace ! pardonnez-moi ce mot, mais c'était une profanation ; vous avez de bonnes qualités, mais vous êtes *vous !* Ma famille se révolte depuis qu'elle vous sait près de moi ; il ne se passe pas de jour que je ne reçoive des lettres qui me demandent votre éloignement. Je n'en ai pas le courage. Vous êtes ma faiblesse. Je pense à ce que je suis et à ce que je pourrais être si je ne vous avais pas connue ; si j'ai un regret, je l'oublie en vous embrassant. Ne me faites pas de peine, restez près de moi, ne vous faites pas de chagrin ; personne ne vous aimera plus que moi. Vous regrettez Paris : nous irons dans quelques jours ; j'ai moi-même des intérêts qui m'y appellent Allons, défaites votre malle, laissez-vous aller à la vie, sans penser au lendemain.

Je fus quelques jours bien sombre, j'avais repris ma gêne d'autrefois. Marie, cette domestique que j'avais depuis longtemps, se faisait faire la cour par le valet de chambre de Robert ; il le sut et me pria de la renvoyer. Je le fis à regret. Ma vie devenait une contrainte volontaire ; je m'enfermai et ne quittai plus mon métier. Je me reprochais ma présence là.

— Allons, me dit Robert, préparez-vous, nous allons passer un mois à Paris ; j'ai reçu des lettres d'affaires.

J'embrassai Justine ; j'allai voir ma pauvre idiote qui commençait à me connaître ; je fis mes adieux à chaque chose, car il me semblait que je ne reviendrais pas.

En route, Robert me dit qu'il ne pouvait demeurer chez moi, parce qu'il emmenait son cuisinier et son valet de chambre.

— Mais, jusqu'à ce que vous ayez trouvé ?...

— J'ai écrit, on m'a arrêté un appartement, cité d'Antin ; je vais y descendre.

Il m'avait caché tout cela ; il y avait donc une arrière-pensée dans ce voyage.

— Voyons, Robert, dites-moi la vérité ; vous ne savez pas mentir, vous êtes trop loyal. Pourquoi venez-vous à Paris ?

— Je viens à Paris pour vous y ramener, Céleste. Je ne veux pas vous quitter, mais je dois le laisser croire ; il faut que j'aille dans le monde, mes parents le désirent. Vous irez au bal de votre côté ; nous voyant ainsi l'un sans l'autre, on croira notre liaison rompue ; vous viendrez tous les soirs, en vous cachant. Il faut arranger toutes vos affaires chez vous, reprendre une domestique. Voilà de l'argent, je vous donnerai cent francs toutes les semaines.

Mon sang bouillonnait; c'était encore une rupture.

— Eh bien! je ferai ce que vous dites; il y a un bal au Jardin d'Hiver, samedi : j'irai.

J'avais demandé une femme de chambre qui sût faire les robes; une se présenta, je la regardai à peine.

— Savez-vous travailler, faire les robes? je vous préviens que j'ai beaucoup à faire; j'arrive de la campagne, je n'ai rien à me mettre, et je vais au bal samedi.

Elle n'était pas causeuse.

— Si madame veut m'essayer, elle verra si je lui conviens.

Une fois d'accord sur le prix, je l'arrêtai; et lui dis.

— Pouvez-vous commencer de suite?
— Oui, madame.
— Eh bien, faites-moi cette robe de crêpe noir à cinq volants découpés, et, sur chaque volant, trois petits rubans de satin.

Je commandai une couronne de chèvrefeuille d'or dans un feuillage vert ; cette toilette était originale, et avait quelque chose de triste qui s'harmonisait avec mon cœur.

Robert m'avait vue m'habiller; j'espérais qu'il serait jaloux, qu'il allait m'empêcher de sortir. Il n'en fit rien.

— Tenez, il manque une chose à votre toilette.

Et il me remit un écrin contenant une magnifique croix en diamant.

Je la pris sans joie, quoiquelle fût bien belle; ce devait être un cadeau d'adieu.

— Vous êtes charmante comme cela, vous allez faire tourner toutes les têtes; amusez-vous bien. Avez-vous trouvé beau le bouquet que je vous ai envoyé? Gardez-moi une petite place dans votre souvenir, au milieu de ce tourbillon qui va vous entraîner.

— Voulez-vous que je n'y aille pas?

— Si, allez-y : d'abord, je suis sûr que cela vous amusera; ensuite il le faut. Avez-vous fait prévenir votre amie? est-ce elle qui vient vous prendre?

— Non, je vais la chercher.

— Alors je vais vous conduire chez elle.

Arrivés à la porte de Victorine, il ne m'avait pas dit un mot. Décidément il ne m'aimait plus. C'était une rupture polie.

Il m'embrassa et partit en me disant :

— A demain.

Entrée chez Victorine, je me mis à pleurer.

— Ah! mon Dieu! me dit-elle, ces larmes, cette

robe noire... est-ce que nous allons à l'enterrement ? J'allais mettre une robe de velours grenat, je vais en mettre une grise, vous me passerez bien le demi-deuil.

— Ne riez pas, chère amie, je souffre beaucoup. Robert me quitte ; il se marie.

— Quand j'ai reçu votre lettre, hier, où vous me disiez qu'il fallait absolument aller avec vous au bal du Jardin d'Hiver, je me suis bien doutée qu'il y avait quelque chose comme cela. Il ne faut pas vous tourmenter, vous deviez vous y attendre ; vous n'espériez pas, sans doute, qu'il allait vous épouser ? Prenez-en un autre.

— Je ne pourrai jamais l'oublier. Si vous saviez comme je l'aime !

— C'est pour cela qu'il vous quitte.

— Non, ses affaires sont embarrassées.

— Tiens ! je le croyais si riche.

— Oui, il est riche ; mais il a des goûts dispendieux, il a des charges énormes : la chasse, cela lui coûte bien cher !

— Il est riche, et il ne vous garde pas ! c'est qu'il est plus ambitieux qu'amoureux. Choisissez quelque joli garçon dont les passions soient tournées à l'inverse, qui ait plus d'amour que d'ambition, et moquez-vous de Robert ; il sera jaloux, vous quittera tout-à-fait ou vous reviendra.

Nous entrions au Jardin d'Hiver. La salle était splendide de fleurs, de lumières et de diamants. On ne m'avait pas vue depuis longtemps ; c'est un gage de succès : on s'occupa beaucoup de moi. Je ne voulais pas danser ; pourtant, un jeune homme blond, grand, mince, à l'air distingué, m'invita avec tant d'insistance que j'acceptai. Les conseils de Victorine commençaient à fermenter dans mon âme. Je sentais, au travers de ma rage, renaître tous mes projets de coquetterie, que le bonheur avait presque effacés de mon souvenir. Mon danseur, qui, avec la vanité naturelle à son âge, attribuait mon indulgence à un tout autre motif, m'accabla d'assiduités toute la soirée. Je les souffris, dans l'espérance que le jeu continuerait à lui plaire, qu'il chercherait à me voir, que Robert s'en apercevrait et que la jalousie le ramènerait à mes pieds.

Seulement, le rival que je lui préparais avait-il assez d'avantages personnels pour remplir cette délicate mission ?

Je le regardai avec cette préoccupation, et le résultat de mon examen fut qu'il était très-joli garçon.

Seulement, ne voulant pas m'en rapporter à moi, je consultai Victorine.

— Comment le trouves-tu ? crois-tu qu'il soit

assez bien pour rendre Robert jaloux? il est si parfait, lui!

Je ne puis m'empêcher de rire, en pensant au sérieux avec lequel Victorine procéda elle-même à son examen. Décidément, elle était digne de ma confiance.

— Certainement, me dit-elle, il est très-bien. Il faut que Robert le voie.

Mon danseur me demanda la permission de m'envoyer des fleurs, parce qu'il avait abîmé mon bouquet en dansant.

Je ne dis pas positivement non, ce qui, dans tous les mondes possibles, je crois, de la part d'une femme, veut dire oui.

L'adroite Victorine comprit ma réserve, et quelques instants après, elle trouva moyen dans la conversation d'apprendre mon adresse à mon amoureux, qui ne doutait déjà plus de son succès.

La patience de Victorine, du reste, était à bout.

— Quelle corvée je fais pour vous, ma chère! je m'ennuie ici à périr; je ne connais personne : je ne peux pas dire du mal de gens que je ne connais pas.

— Voulez-vous partir?

— Ah! oui, me dit-elle en se levant avec enthousiasme!

J'étais tellement absorbée par le souvenir de

Robert, que je ne pensais pas à ma belle croix qui avait pourtant attiré bien des regards envieux.

Au moment où nous prenions nos sorties de bal au vestiaire, beaucoup de personnes entraient.

— Ah! dit Victorine, nous nous en allons au plus beau, regardez donc ces deux coiffures; l'une ressemble à un potager, l'autre à une autruche.

— Tenez, regardez celles-là, en revanche, comme elles sont jolies!

Mmes Doche et Plumket entraient, coiffées de couronnes de paquerettes avec des toilettes charmantes. Ozy les suivait.

— Oui, elles sont bien mises, mais la couronne ne fait pas le nez.

— Oh! Vous ne dites pas cela pour Mme Doche; regardez-la donc.

— Oh! je n'ai pas besoin de la regarder, voilà vingt-cinq ans que je la vois.

Rentrée chez moi, je repensai au Berri, où je venais d'être si heureuse d'abord, si triste plus tard. «Comme ce souvenir est préférable à ces faux plaisirs que je viens de voir, me disais-je en ôtant ma couronne!» Et j'avais envie de pleurer. La fin de la nuit me parut longue; je fus agitée. A midi, je reçus un magnifique bouquet de violettes de

Parme entouré de camélias blancs et une carte. C'était mon jeune homme de la veille qui demandait la permission de venir me faire une visite à quatre heures. J'hésitai ; puis me rappelant ce que Victorine m'avait dit, je répondis oui.

Robert arriva à deux heures; j'étais toute rouge, j'attendais l'effet de mon bouquet. Robert s'approcha de la table, lut la carte et me dit :

— Vous connaissez ce monsieur? C'est le fils d'un agent de change; il est gentil, mais on le dit bête, ce n'est pas votre affaire.

Une voiture s'arrêta à la porte. Il prit mon bouquet, ouvrit la fenêtre, et de l'air le plus naturel, le laissa tomber comme par accident juste sur la tête de la personne qui descendait de voiture et qui n'était autre que le jeune homme qui me l'avait envoyé. Il ne prit pas la peine de le ramasser, remonta en voiture et partit.

J'étais enchantée ; cela ne lui avait pas fait grand mal, et Robert venait de me laisser voir qu'il m'aimait toujours, puisqu'il était jaloux. Ce fut lui qui, le soir, alla au bal. Le coude appuyé sur la table, la figure sur ma main, je regardais ses préparatifs avec chagrin. Dans ce monde où il allait, il devait y avoir des personnes si séduisantes! jeunes, riches, belles, honnêtes! Mon souvenir ne devait pas passer le seuil de ces portes;

on le laissait tomber sur le tapis où on essuie ses pieds en entrant.

Mon Robert était si beau, si élégant, qu'on devait le regarder beaucoup; il me prenait envie de déchirer tout ce qu'il allait mettre.

Je l'attendis. A chaque voiture qui passait, j'allais ouvrir la croisée. Quand il rentra, il me fit des reproches de veiller si tard.

La femme de chambre que j'avais prise était petite, brune; elle m'avait dit être mariée à un cocher. Un jour qu'elle m'essayait un corsage, comme je la trouvais grosse de taille, je lui dis :

— Est-ce que vous êtes enceinte, Caroline?

Elle devint rouge et me dit :

— Non, madame.

Je n'en parlai plus; elle travaillait comme un cheval, elle était économe; j'étais enchantée d'elle.

Dans toutes les allées et venues de Robert, il y avait un mystère; il écrivait beaucoup, recevait des lettres qu'il me cachait; en pareil cas, un soupçon est une torture; je me rendais et me trouvais la plus malheureuse des femmes. Je résolus de savoir ses secrets; je pris et cachai, pendant qu'il déjeunait, la clef de son secrétaire qu'il avait oubliée, ce jour-là, et quand je fus seule chez lui, j'ouvris le meuble et en tirai sa correspondance avec avidité ; je trouvai des lettres d'une parente : toutes parlaient de moi dans des termes pénibles. Elles disaient :

« En avez-vous fini avec cette fille ?.... J'espère que vous ne la voyez plus... Songez à votre avenir... Cette fois, au moins, ayez de la fermeté dans votre résolution ; c'est votre bonheur que nous voulons. Mlle B*** ne demande pas mieux que de vous épouser ; seulement, elle veut être bien sûre que vous n'avez plus de mauvaises liaisons ; je crois même que sa famille vous fait surveiller ; n'allez pas chez cette femme. »

Il avait cent lettres, toutes les mêmes.

Mon cœur se serra ; je savais bien qu'elles avaient raison, que l'amour de Robert céderait à ces attaques réitérées.

Je trouvai dans un tiroir une lettre de l'écriture de Robert : elle n'était pas achevée, sans doute mon arrivée l'avait interrompue ; elle était adressée, sans doute, à un des parents de Mlle B***, et devait répondre à un reproche qu'on lui avait fait à cause de moi ; elle commençait ainsi :

« Mon cher ami,

» En demandant la main de Mlle de B***, je sais à quoi je m'engage, et je suis trop honnête homme pour ne pas remplir mes devoirs. Quant à Mogador, dont on s'occupe beaucoup trop, je la rencontre quelquefois ; on a pu me voir lui parler dans la rue. La pauvre fille ne m'a pas fait de mal, et je ne sais pas pourquoi je passerais près d'elle sans la regarder.

» Vous savez, mon cher, ce que c'est que la vie de garçon, on s'invente des distractions ; je me suis inventé celle-là ; j'ai eu tort, mais que voulez-vous ? on ne noie pas les filles avec lesquelles on a vécu. Dès que je serai marié, je partirai avec ma femme. Tâchez que Mlle de B*** prenne un parti, qu'elle ne me fasse pas attendre plus longtemps ; pour un caractère comme le mien, de longues épreuves ne valent rien. Demain ; j'espère avoir une réponse... »

La lettre s'arrêtait là. Mon cœur serré se dégonfla par les larmes ; puis, la haine du monde s'en empara. Qu'avais-je fait à tous ces gens pour qu'ils s'occupassent de moi ? Pourquoi s'acharnaient-ils à me prendre Robert ? Lui, pourquoi ne les repoussait-il pas ? Non, il me gardait jusqu'au dernier moment parce qu'il ne pouvait pas me noyer. Il me trompait et n'attendait qu'une réponse pour me quitter. Est-ce que j'attendrai cette humiliation ? Est-ce que je n'aurai pas le courage de souffrir? Allons, mon orgueil, réveille-toi !

Je replaçai les lettres, fermai le secrétaire et partis.

Arrivée chez moi, le concierge me donna ma clef.

— Où donc est Caroline? est-ce qu'elle est sortie?

— Oui, madame, mais elle ne rentrera pas; les douleurs l'ont prise, elle est allée faire ses couches à l'hôpital, dans le faubourg Saint-Honoré.

— Comment! elle était donc enceinte?

— Est-ce que madame ne l'avait pas vu?

— Non; il y a un mois que je lui en ai fait un jour la question, parce que je la trouvais énorme. Elle m'a dit être toujours comme cela, je n'y ai plus pris garde. Si elle me l'avait avoué je ne l'aurais pas laissé aller à l'hôpital. Savez-vous le nom de la salle?

— Oui, Sainte-Marie.

— Allez me chercher une voiture, je vais la voir.

En chemin, je pensais au parti que j'allais prendre. Écrire à Robert? Je ne pouvais lui dire que j'avais lu ses lettres; il valait mieux avoir une explication, y aller le soir comme si je ne savais rien, et attendre qu'il me fît part de ses projets.

Je trouvai Caroline.

— Êtes-vous folle de vous sauver comme cela de chez moi? Pourquoi ne m'avez-vous pas dit votre position, toute naturelle, puisque vous êtes mariée?

Comme elle rougissait, je repris :

— Et puis, quand bien même vous ne le seriez pas, j'ai trop besoin d'indulgence, pour n'en pas avoir pour les autres.

— Quel bonheur! Alors madame me reprendra quand je sortirai.

— Mais certainement, et si vous m'aviez fait part de votre position, vous ne seriez pas ici.

— Oh! que vous êtes bonne, madame; et si j'osais vous demander...

— Quoi donc? osez toujours.

— D'être la marraine de mon enfant?

— J'accepte de grand cœur. Quand pensez-vous accoucher?

— Le médecin a dit que j'avais encore quatre à cinq jours.

— Bien; j'aurai le temps d'acheter une petite layette.

Caroline m'embrassait les mains. Je partis, sinon heureuse du plaisir que je venais de faire à cette pauvre femme, du moins un peu soulagée.

En sortant, j'allai chez Victorine :

— Ah ! dit-elle, on vient me voir, c'est qu'on a besoin de moi. Les amours ne vont donc pas mieux ? Finissez-en donc une bonne fois.

— Oui, c'est mon intention ; demain tout sera fini. Je ne reverrai plus ce château que j'avais arrangé avec tant de soin, ma petite Justine, qui me tenait si fidèle compagnie ; on brûlera tous les ouvrages faits par moi ; il m'enverra l'argent de mes meubles ; il aura le droit de les offrir à une autre ; on ouvrira les fenêtres pour que le souffle impur que j'y aurai laissé s'envole. Mon Dieu ! mais tout cela est naturel ; pourquoi donc suis-je ainsi torturée ?... Mon cœur est comme entortillé d'une couleuvre qui lui ôte le sang et lui met du venin. Personne ne me fait de mal, et je voudrais me venger. Je hais l'univers, je me hais moi-même. Vous aviez raison, on vieillit vite. J'ai fini de vivre, moralement ; mon cœur ne s'éveillera plus. Allons, il le faut ! Il y a bal demain au Jardin d'Hiver, vous y viendrez avec moi ?

Victorine prit son air le plus sérieux.

— Ma chère, tout ce que vous voudrez, mais pas cela ; les bals m'ennuient à mourir ; d'abord, ma petite fortune ne me permet pas de suivre le luxe de toutes ces folles d'aujourd'hui. Vous-même, ma pauvre Céleste, qui venez de vivre deux ans en châtelaine, qu'avez-vous? Les bijoux et les dentelles ne tiennent pas chaud longtemps quand on est malade. Croyez-moi, dépensez moins en fanfreluches, allez moins au bal.

— Pensez-vous que j'aille à celui-là pour m'amuser? Non, il me faut de la distraction pour oublier Robert. Il faut qu'on parle de moi, qu'on m'aime, qu'on m'enrichisse. Venez encore demain, ce sera la dernière fois que je vous le demanderai, et puisque vous allez venir demeurer dans ma maison, je ne vous dérangerai plus.

— A cette condition, je le veux bien; j'irai même vous prendre; et tâchez que tout soit fini, que je ne vous voie plus pleurer : ça rend laide, et ce n'est pas gai du tout pour moi, quoique je ne sois pas sensible.

Le soir, je fus dîner chez Robert; comme à l'ordinaire, je fis tout mon possible pour qu'il me parlât de ses projets; il ne me dit rien; son valet de chambre préparait sa toilette.

— Vous sortez ce soir, Robert?

— Oui, je vais dans le monde.

La soirée se passa sans qu'une parole fût échangée entre nous. Quand sa voiture s'éloigna, je me mis à écrire une longue lettre que je brûlai. Il valait mieux lui dire tout cela... Je n'avais jamais eu si peu de courage : ce que j'allais accomplir, c'était notre séparation. Cette idée me rendait folle et me semblait impossible. Il était trois heures du matin ; je me promenais à grands pas dans le salon ; ma tête brûlait. Ces quelques heures me parurent plus longues que ma vie entière. Je le voyais au bal, près de la personne qu'il devait épouser, lui sourire, lui dire : « Je vous aime ! » J'envoyai ma haine entre lui et elle, comme une furie vengeresse ; mon cœur était un brasier, dans lequel mon sang tombait goutte à goutte et s'y brûlait, en m'envoyant au cerveau une fumée noire qui troublait ma raison... Je voulais me tuer chez lui ; je me disais : « Est-ce que cela l'empêchera d'en aimer une autre ? Le lendemain il ne pensera plus à moi ; il ne m'aime plus ; il me ménage pour son amour-propre ; il ne veut pas qu'un autre m'ait tant qu'il sera là ; et puis, si ses projets manquent, s'il est refusé, on dira dans le monde : Il tenait peu à ce mariage, il n'a pas quitté sa maîtresse. Je suis son hochet... Prends garde, Robert, je te souhaite ce que je souffre ; je suis abandonnée de Dieu, je dois porter malheur. »

Une voiture s'arrêta ; c'était lui !

J'appuyai ma main sur mon cœur pour l'empêcher de battre ; il me faisait trop de mal.

Robert entra, il avait l'air gai ; sans doute il avait de bonnes nouvelles, il espérait. Sa gaîté me mit en fureur.

— Pourquoi n'es-tu pas couchée ? tu es pâle ; est-ce que tu es malade ?

— Oui, je suis malade ; j'ai la fièvre... mais ce que j'ai, je puis me soulager en vous le disant... Mademoiselle B*** a-t-elle enfin dit oui ? êtes-vous heureux ? est-elle jolie ? Comme vous devez l'aimer ?

Il devint pâle mais ne répondit rien.

— Dites-moi donc que vous l'aimez ! Pourquoi jouer cette grimaçante comédie avec moi ? Est-ce que j'en vaux la peine ? Vous m'avez prise, vous avez le droit de me quitter... Pourquoi vous gênez-vous ? Il faut que j'attende dans votre alcôve qu'une autre entre pour en sortir ; peut-être même après me continuerez-vous vos bonnes grâces ; mais je ne veux les restes de personne, je ne veux pas qu'on me vole une pensée. Vous me volez, depuis quelques jours, en partageant avec une autre votre amour ; vous avez le droit de me le reprendre, mais en me prévenant. Vous savez bien, je vous l'ai déjà prouvé, que je ne m'imposerai pas à vous, que je ne ferai obstacle à rien. Pourquoi ne pas être franc? Doutiez-vous de mon courage? Est-ce pour me ménager? l'idée n'est pas heureuse. Les coups à la tête guérissent vite. Voyons, parlez-moi donc.

— Je ne sais qui vous voyez et qui vous monte ainsi l'imagination, ma pauvre Céleste; vous n'êtes pas raisonnable. Vous connaissez ma position, ma fortune, ma famille; vous ne comprenez rien aux exigences du monde... Je cède aux désirs de mes parents, de qui le vœu le plus cher serait de me voir établi. Je ne vous avais pas parlé de ces nouveaux projets, parce qu'ils pouvaient manquer et que je reculais à l'idée de vous faire de la peine inutilement; j'avais la présomption de croire que ce coup vous irait au cœur; si j'eusse pensé qu'il ne troublât que votre tête, je vous aurais tout dit le premier jour.

— Ah! si on pouvait noyer les filles avec qui on a vécu, cela serait plus facile, on n'aurait pas d'explication à donner.

— Vous vous êtes permis de lire des lettres que vous ne deviez pas regarder... Vous oubliez trop qui vous êtes, Céleste; ne me faites pas regretter ce que j'ai fait pour vous. Votre cœur est bon, mais votre manque d'éducation vous fait faire et dire des choses inconvenantes. Une autre fois, sachez que les lettres qui ne vous sont pas adressées sont sacrées, et que, fussent-elles à votre disposition, vous devez les respecter... J'ai vos meubles chez moi : si je me marie, je vous les payerai ; je vous donnerai vingt mille francs. Vous avez peur de l'avenir, ce sera un petit commencement de fortune... Nous ne nous verrons plus, mais je vous promets de garder un bon souvenir de vous.

La nuit s'était passée ; je mis mon manteau pour partir.

— Vous ne me donnez pas la main, Céleste ?
— Si.

La sienne était glacée... Comme moi, il avait tout le sang au cœur.

Parler si souvent de larmes est fatigant ; mais c'est qu'on en a beaucoup quand on souffre... Je pleurais encore à midi, quand on m'apporta une lettre et un paquet ; il contenait les quelques objets laissés par moi chez Robert... la lettre n'avait que deux lignes :

« Dès que je recevrai un peu d'argent, je vous en enverrai. De loin, comme de près, je veillerai sur vous.

» ROBERT. »

Le soir, quand Victorine vint me chercher, je n'étais pas prête. Ce fut elle qui m'entraîna au bal après m'avoir habillée comme une machine. J'avais une robe de dentelle blanche, une coiffure de grenades ; ma toilette était belle, surtout éclatante.

— Allons, secouez vos chagrins, vous êtes ravissante ; vrai, je vous croyais plus forte que cela.

— C'est que je n'ai pas la force du premier jour, moi : la blessure est profonde, mon amour s'en va, il me déchire en sortant.

Nous étions arrivées ; la fête était plus brillante encore que la première fois. Je dansai vis-à-vis de ma prétendue sœur... Quand je dis danser, je je veux dire se regarder debout, en face l'un de l'autre, car il y avait tant de monde qu'on ne pouvait bouger.

Victorine était de très-bonne humeur, elle riait beaucoup et disait :

— Je danse, voilà des années que cela ne m'est arrivé ! Cette Céleste me fait sauter, avec son chagrin.

Sur les deux heures, la foule diminua un peu ; le bal devint plus animé et plus joli. Je sentis que le sombre nuage de tristesse qui me pesait sur le cœur commençait à s'évaporer, et comme la danse a toujours eu pour moi un charme presque irrésistible, j'aspirais les joyeuses fanfares de l'orchestre et, une fois en train, je ne manquai ni une valse, ni une polka, ni une mazurka. Il y avait beaucoup d'artistes. Hyacinthe faisait du bruit pour quatre ; on se pressait autour de lui ; il montrait gratis son grand nez et ses grandes mains ; il dépensait son esprit à lui, qui vaut bien celui que les auteurs lui font débiter d'habitude ; son directeur n'avait pas pensé à ces représentations-là, car il les aurait défendues dans son engagement. Tout le monde l'entourait, se poussait pour l'entendre ; il était gai et s'amusait comme un enfant à suivre une femme d'une quarantaine d'années qui était seule et habillée d'une façon grotesque ; il la poursuivait en l'appelant Elvire, et lui disait :

— Dansez avec moi, je vous aime, madame ; ne soyez pas cruelle ou je vous poignarde avec mon nez.

Grassot, qui est toujours le même, était aussi fou et aussi amusant ; il voltigeait autour des femmes, mais il s'arrêtait aux plus jolies, les prenait par le bras et les tutoyait sans les connaître.

On commençait un quadrille : je fus me placer à l'autre bout de la salle ; nous avions fait une figure et nous attendions que notre tour revînt, quand j'entendis prononcer mon nom très-haut.

— Tenez, voilà Mogador ! regardez comme elle est belle !

— Vous trouvez? dit une autre voix; je ne comprends pas qu'on trouve cette femme-là belle. C'est mon antipathie.

Je fis un petit mouvement pour voir celui qui m'arrangeait ainsi; c'était le plus joli garçon qu'il fût possible de voir.

— Enfin, disait celui qui avait parlé le premier, tu ne peux pas lui ôter ce qu'elle a. Elle te déplaît, cela ne l'empêche pas d'avoir de beaux bras, une jolie taille, d'être grande, bien faite, d'avoir de beaux cheveux, de jolis yeux et les dents blanches comme un jeune chien.

— C'est possible, reprit mon détracteur, je ne l'ai pas regardée.

— Tu es difficile.

Si au moins j'avais pu lui rendre la pareille, à ce bel indifférent! cela m'aurait fait plaisir de le trouver laid; mais, en conscience, il n'y avait pas moyen.

La seule chose qu'on pût dire de lui, c'est qu'il était trop beau pour un homme. Après tout, me disais-je, les gens sont libres; mais c'est égal, si peu coquette qu'on soit, on est vexé de savoir qu'il y a quelqu'un qui vous trouve affreuse sans avoir pris la peine de vous regarder; aussi, la contredanse finie, fis-je courir Victorine en tous sens.

Quand j'eus retrouvé mes jeunes gens, je repassai dix fois devant eux ; je faisais la roue comme un paon. J'aurais voulu que mon ennemi me regardât ; mais je perdis ma peine, il ne fit pas attention à moi ; il semblait tout occupé d'une femme qui n'était pas jolie du tout.

J'en pris du dépit et j'allais m'éloigner, quand le plus petit, qui était son cousin, m'arrêta et me dit :

— Mademoiselle, vous dansez à ravir, et, si je n'étais pas si mauvais danseur, je vous engagerais.

— Eh bien, monsieur, invitez-moi, vous ne connaissez peut-être pas votre mérite ; je vous accepte avec plaisir. Il m'offrit son bras, tout radieux.

J'espérais que son ami allait le suivre ; pas du tout. Pendant la contredanse, je lui dis :

— Vous aviez tort de ne pas oser m'inviter, je vous devais bien quelque chose pour la manière dont vous m'avez défendue. Ce monsieur, là-bas, ne m'aime guère ; il ne veut même pas m'accorder les cheveux.

— Oh ! vous avez entendu ? C'est un maladroit ! Il ne sait ce qu'il dit.

— Pourquoi donc cela ? Il a probablement raison de me trouver laide. Les goûts sont libres ;

mais il va contre moi jusqu'à la haine, jusqu'à l'antipathie !...

— Quelle folie, madame ! Puisqu'il est assez malheureux pour que ses folles paroles soient arrivées jusqu'à vos oreilles, je vais vous l'amener pieds et poings liés ; il faut qu'il vienne s'excuser.

Je voulus le retenir, mais il m'échappa.

A la pantomime qui se jouait de loin, je vis bien que l'autre se défendait ; mais le petit était têtu et me l'amena.

C'était un jeune homme : il ne paraissait pas avoir plus de vingt-deux à vingt-quatre ans. Il était grand, un peu fort, mais bien pris. Ses cheveux et ses favoris blonds encadraient sa figure ; il avait le teint d'un blanc mat ; ses moustaches fines laissaient voir sa bouche ; les lèvres étaient un peu fortes, bien faites, les dents blanches ; il souriait de côté, ce qui lui dessinait une fossette dans la joue et lui allait à ravir ; le nez fin, le front charmant, les yeux les plus doux du monde ; distingué, élégant ; des pieds et des mains de créole ; il avait de quoi tourner la tête à toutes les femmes ; on le regardait, on le suivait. Pauvre Richard !

Je le répète, il était trop beau pour un homme.

Il venait à moi,

Victorine, qui n'avait rien vu, rien entendu de toute cette petite scène, me poussa le bras et me dit :

— Voyez donc quel joli garçon !

— Oui, il vient nous parler ; c'est mon ennemi.

— Ah ! c'est dommage ! S'il avait voulu s'y prêter un peu, en voilà un qui aurait fait mourir votre Robert de jalousie.

Il était près de nous et paraissait fort embarrassé.

— Mon Dieu ! monsieur, est-ce que je vous déplais au point de vous ôter la parole ?

— Oh ! du tout, mademoiselle ; je vous prie de croire que si j'ai parlé de vous en ces termes, il y a une heure, c'est que je ne vous avais pas regardée ; il faut me pardonner, parce que je suis créole et très-indolent ; mais vous êtes charmante, et je vous fais, de bien bon cœur, amende honorable.

— Prenez garde, monsieur, vous vous asseyez sur ma robe ; c'est de la dentelle, et vous n'êtes pas léger.

— Oh ! pardon ! je suis un maladroit ; vous m'en voulez ?

— Du tout, monsieur. Je suis de votre avis... sur mon genre de beauté, bien entendu ; ainsi, ne vous donnez pas de peine à chercher des compliments qui me plairaient moins que votre franchise ; j'ai surpris votre opinion sur mon compte. Tout créole que vous êtes, vous ne l'auriez pas dite, si vous aviez pensé que j'écoutais.

— Je veux vous convaincre que mon repentir égale mon crime et que je suis de bien bonne foi dans ma rétractation. Vous avez pour moi, d'abord, une grande séduction. Rien ne me touche plus que le son de la voix, et j'aime votre son de voix... Comme vous avez de jolies mains ! Mais j'étais fou de ne pas avoir vu tout cela... J'ai trop mal débuté avec vous pour jamais oser être bien ambitieux ; mais je serais heureux de devenir votre ami.

— Non, monsieur, non ; je perdrais plus encore dans votre esprit ; le moral est pire que le physique... Adieu, je vais danser.

Il resta pensif.

Une demi-heure après, le petit monsieur, qui était son cousin, vint près de moi et me dit :

— Qu'avez-vous donc fait à Richard ? Pardonnez-moi à mon tour ce que je vais vous dire, mais je crois que ce soir il perd la tête dans tous les sens : le voilà maintenant qui est fou de vous ; il prétend que vous l'avez magnétisé, que vous lui avez jeté un sort, qu'il n'y a que vous de belle au monde et qu'il veut absolument vous revoir.

— Ah ça! il me croit donc bien blessée de son opinion sur mon compte qu'il se donne tant de mal? Rassurez-le, je n'y pense plus; j'ai bien autre chose en tête.

Pendant ce temps, Richard causait avec Victorine; il était temps de partir. Il me demanda la permission de me reconduire. Je le remerciai et nous partîmes seules.

— Il est charmant, me dit Victorine, en le suivant des yeux. ... Il faut, ma chère, refaire les proverbes à votre usage; pour vous, les jours se suivent et se ressemblent : voilà deux bals, deux conquêtes..... A propos, ajouta-t-elle en riant, cette aventure commence comme l'autre. Attendons le dénoûment; seulement vous me laissez un rôle odieux et monotone. Je fais concurrence à l'almanach Bottin. Je n'ai pas besoin de vous dire qu'il m'a demandé votre adresse.

Un pressentiment me serra le cœur.

— Vous ne la lui avez pas donnée, j'espère.

— Si fait. Vous avez besoin de distraction, voilà une belle occasion, et, sur ma foi, une douce vengeance.

— Oui, vous avez raison; mais il ne viendra pas : il a fait tout cela par politesse.

— Il ne viendra pas! dit Victorine en sonnant le cocher qui dépassait sa porte ; soyez bien sûre que vous le verrez demain à quatre heures. Bonsoir ; si vous n'avez rien de mieux à faire, venez dîner demain avec moi.

Je rentrai chez moi à moitié endormie, et, en défaisant mes fleurs, je pensais à Robert.

Victorine avait raison : cette aventure commençait comme l'autre. Hélas ! elle ne devait point avoir le même dénoûment, et je me disais :

— Si ce Richard allait m'aimer ? Il est beau, aussi beau comme homme que Mlle B... peut être jolie comme femme ! Si un jour nous sortions ensemble et si, étant à son bras, je pouvais rencontrer Robert, il verrait alors que je ne suis pas abandonnée ; que si je l'aimais, ce n'était pas parce que j'avais besoin de lui. M. Richard n'est pas noble, je sais son nom, mais qu'importe ! il est si élégant, si distingué ; pourvu qu'il vienne !

Et je m'endormis.

Ce désir, qui n'était qu'une ombre, se réalisa pour notre malheur à tous les trois. Voilà pourtant comme un mot, prononcé avec irréflexion dans le désordre d'une fête, peut étendre son influence sur la vie tout entière.

XXXII

LE CHOLÉRA. — MA FILLEULE.

Je me levai de bonne heure. J'allai voir Caroline à l'hospice; elle était dans les douleurs, et je reçus des mains du docteur une petite fille, si mignonne, si délicate, que je me dis :

— Elle ne pourra jamais vivre.

Ce fut la pensée du médecin, car il me demanda si j'allais la tenir sur les fonts de baptême.

— Oui, docteur.

— Eh bien ! il faut la baptiser de suite.

— Mais je n'ai pas de parrain, et puis, je veux la faire baptiser à l'église du Roule; on pourra bien attendre jusqu'à demain matin.

La fille de salle me dit :

— Mais, madame, il y a ici une chapelle; un garçon sera parrain.

J'étais sur le point d'accepter, malgré ma répugnance. L'idée que cette enfant était née et qu'elle serait baptisée à l'hôpital me rendait triste; pourtant le temps pressait et j'allais dire oui! quand la petite fille se mit à crier et à remuer avec une vigueur dont je la croyais incapable. Il me semblait qu'elle me disait : « J'attendrai bien à demain. » Le père était là; il me demanda de tenir la petite avec un de ses amis qu'il amènerait.

— Je serai ici demain, à dix heures.

M. Richard tint parole; à quatre heures il était chez moi. Je le plaisantai beaucoup sur son changement subit. Je lui demandai s'il s'occupait de politique.

— Vous êtes méchante! Est-ce que vous m'en voulez toujours?

— Moi! je vous assure que je ne vous en veux pas.

— Eh bien! acceptez à dîner demain avec votre amie et mon cousin; c'est le seul moyen de me persuader que vous ne me gardez pas rancune.

— Vous êtes bien aimable; je ne vous garde

pas rancune, mais je refuse; j'ai trop à faire, je suis marraine.

— Vous serez libre à six heures, je viendrai vous prendre.

— Non, vous m'enverrez votre cousin; vous irez prendre Victorine.

— Oh! vous voyez, vous n'êtes pas franche, vous gardez une arrière-pensée.

— Non, non, faites comme je dis, ou je n'y vais pas.

— Dès que c'est un ordre, j'obéirai. Adieu.

Le lendemain, à neuf heures, j'étais à l'hospice avec mon petit paquet. J'habillai ma filleule à qui tout était trop grand. Je fus obligée de faire des pinces à son petit bonnet. En entrant à l'église, mon cœur se serra. On célébrait un beau mariage; je pensai à Robert, et deux larmes tombèrent de mes yeux sur le front de la petite fille que je tenais dans mes bras. Je les essuyai. Cette première goutte d'eau tombée sur la tête de ce petit ange avant le baptême était impure. Je montrai la place au prêtre, qui l'essuya avec l'huile sainte.

Quand il me dit que mon devoir était de lui servir de mère si elle devenait orpheline, je le promis; je lui donnai le nom de Solange en souvenir du Berri, le mien pour qu'elle se souvînt de moi. En sortant de l'église, je la serrai sur mon cœur. J'avais envie de me sauver avec elle; il me semblait qu'elle était à moi. Je pensai à sa mère qui l'attendait et je pris le chemin de l'hospice; je la remis à regret dans son berceau. Il fallait s'occuper d'une nourrice; je me chargeai de ce soin. Je ne revins la voir que le surlendemain.

Robert avait bien pris son parti; il n'avait pas cherché à me voir. Je n'avais pas cherché à le rencontrer non plus, mais je souffrais.

Je trouvai Caroline pâle, les yeux hagards; quand elle me vit, elle se dressa et me dit.

— Avez-vous une nourrice?

— Oui, elle viendra demain.

— Oh! madame, ce n'est pas demain qu'il faut qu'elle vienne, mais aujourd'hui. La mortalité est dans cette salle; depuis que vous êtes venue, il est mort cinq femmes et quatre enfants. Voyez, en face, en voilà encore une qui sera morte aujourd'hui. J'ai peur; je vous en supplie, emmenez mon enfant.

Je crus que la fièvre de lait lui montait au cerveau.

— Soyez tranquille, ne vous tourmentez pas, il n'y a pas de danger, demain n'est pas loin.

— Mais regardez donc en face, madame.

Et elle retomba en arrière. Je traversai la salle et, en effet, je vis quelque chose d'affreux : une jeune femme, qui pouvait avoir vingt-deux ans, tenait dans ses bras un petit enfant nouveau-né. Elle cherchait à lui faire prendre le sein, qu'il refusait. Elle était blonde, la peau de sa poitrine était blanche, sa figure était violette ; elle souffrait apparemment beaucoup ; elle criait, se tordait. Je tournai la tête. J'arrêtai une fille de salle qui faisait son service et je lui demandai ce que cela voulait dire. Elle leva les yeux au ciel sans me répondre.

— Tenez, lui dis-je en lui glissant cinq francs dans la main, ayez bien soin de cette femme qui est là.

— Ah ! c'est vous qui êtes la marraine de sa fille ? emmenez-la de suite. Si vous pouviez emmener la mère ! mais il ne faut pas y compter.

Elle me quitta pour donner des soins à la malade.

— Vous avez vu ? me dit Caroline.

— Oui, mais c'est une maladie personnelle.

— Non, madame, non, c'est quelque chose d'extraordinaire : emmenez ma fille, puisque vous me l'avez promis. Aussitôt qu'on pourra me mettre dans une voiture, j'irai chez vous.

— Certainement, mais il ne faut pas vous tourmenter. J'emporte Solange ; la voiture des nourrices où je suis allée, rue de la Victoire, ne repart que dans trois jours. Je la garderai chez moi. Vous êtes bien tranquille, n'est-ce pas? Je reviendrai demain vous voir.

Elle me remercia d'un signe, et j'emportai comme une plume cette pauvre petite créature, que bien certainement je sauvai de la mort. Je la donnai à la nourrice, la lui recommandant comme ma propre fille. C'était une femme de Guiscar, bien fraîche. Elle m'avait inspiré de la confiance, et j'étais tranquillisée sur le compte de la petite, qui était pleine de vie; elle n'était pas méchante, je ne l'avais pas entendue pleurer une fois.

J'avais, en attendant Caroline, pris une Allemande qui avait travaillé chez moi à la journée. C'était une ouvrière, mais elle faisait tout par complaisance. Nous étions au 19 mars 1849. Ce jour-là, l'hospice Beaujon était tout en émoi; on déménageait les salles; les femmes en couches, qui se trouvaient au rez-de-chaussée furent montées au second; tout était lavé et d'une propreté irréprochable. Partout, malgré ces précautions, la mort se promenait à pas de géant et faisait une terrible moisson. Depuis l'entrée de Caroline, dix-sept femmes et enfants avaient été enlevés presque subitement. La mortalité était de deux tiers plus forte pour les femmes en couches. La pauvre

Caroline, en me voyant, reprenait des couleurs ; elle était heureuse. Je lui disais :

— Notre fille va bien ; comment vous trouvez-vous ?

— Mieux ! Ici nous avons plus d'air ; voyez-vous, c'est toujours malsain ; allez, on a beau faire, je suis sûre qu'il y a la peste.

— N'allez pas vous mettre des idées comme cela en tête pour retarder votre guérison.

Et, pour la rassurer, je fis le tour de la salle en m'arrêtant à chaque lit. Ce que j'avais lu et ce qu'on m'avait dit sur le choléra ressemblait tellement à ce que je voyais, que je demandai l'interne de service et je le priai de me dire franchement ce qu'il savait.

— Eh bien, mademoiselle, si vous tenez à la vie de cette pauvre femme, emmenez-la, quoiqu'il n'y ait pas neuf jours. Nous cachons le plus possible cette affreuse nouvelle ; il n'y a plus d'illusion à se faire, c'est le choléra.

— Demain, son mari me l'amènera ; faites signer sa pancarte.

Cette nouvelle la fit sauter de joie, car elle avait bien peur, et c'est la moitié du mal. Le lendemain, un fiacre s'arrêtait à ma porte ; j'ouvris la fenêtre, je vis Caroline. Elle entra plutôt portée que conduite par son mari. Je reculai épouvantée, tant elle était changée. Ses yeux étaient enfoncés, ses joues creuses, ses lèvres noires ; je la fis coucher dans mon lit et envoyai chercher mon médecin, celui de Robert... La petite partait le lendemain. Je la fis changer de chambre. Le docteur la regarda longtemps et me dit :

— Faites partir l'enfant sans qu'elle la voie ; il ne faut pas l'approcher de son lit.

On ne peut pas enlever un enfant à sa mère sans qu'elle l'embrasse.

Je cherchais ce que je pourrais faire.

— Adèle, dis-je à mon Allemande, allez me chercher du camphre en poudre.

J'en mis dans les langes de ma petite filleule, dans son bonnet, dans son fichu, et je la donnai à sa mère pour qu'elle lui fît ses adieux.

Elle la prit dans ses bras, la serra contre sa poitrine, et, collant ses lèvres sur sa figure, ne bougea plus.

Je tremblais, car son souffle fiévreux pouvait l'empoisonner en l'enveloppant. Je me penchai sur le lit et la lui retirai.

— Vous allez l'étouffer. C'est à moi aussi, et puis il faut qu'elle parte.

Elle me laissa faire sans résistance. L'enfant partie, je me sentis plus à mon aise.

J'allai coucher chez Victorine.

Mon médecin venait deux fois par jour ; il me prit à part le troisième jour et me dit :

— Elle est perdue ; puisque son mari reste près d'elle, allez-vous-en chez votre amie, vous vous feriez mal.

— Oh ! mon cher docteur, ne vous occupez pas de moi ; si je valais quelque chose, il y aurait du danger ; mais je ne vaux rien, il n'y a rien à craindre ; et puis, s'il y avait une exception pour moi, ce serait un grand service que Dieu me rendrait. Et vous êtes sûr, docteur, qu'il n'y a plus de ressource ? Elle a un enfant, appelez toute votre science ; faites venir un de vos confrères, mais sauvez-la.

— J'ai fait tout ce que je pouvais faire, il n'y a plus d'espoir.

Je quittai cette pauvre femme, le soir à six heures, pour aller chez Victorine ; je rêvai toute la nuit de Caroline : elle allait mieux, elle venait me chercher. A sept heures je me levai.

— Qu'allez-vous faire chez vous ? me dit Victorine, vous avez bien le temps.

— Non, il faut que je parte. Voilà deux heures que je m'entends appeler. C'est sans doute une suite naturelle de ma préoccupation, mais cela m'a réveillée.

En montant la rue d'Amsterdam, qui conduisait

chez moi, je rencontrai une petite actrice nommée Virginie Mercier, que j'avais connue aux Délassements et qui était au Vaudeville. Après lui avoir demandé de ses nouvelles, je lui dis :

— Oh! vous me voyez bien triste; je rentre chez moi toute tremblante, j'ai peur que la mort n'y soit !... Et je lui contai ma position.

— Voulez-vous que j'aille avec vous ?

— Vous me feriez bien plaisir.

Quand j'entrai chez moi, Caroline était raide, ses yeux étaient fermés. L'Allemande me fit signe qu'elle croyait tout fini; mais que depuis deux heures la malade me demandait, en disant :

— Je veux voir madame, allez la chercher! et elle criait très-fort.

Je m'approchai du lit et l'appelai. Son corps fit un mouvement, ses yeux s'ouvrirent à moitié et se tournèrent vers moi.

— A-t-elle demandé un confesseur ?

— Non, madame; on lui en a proposé un, elle a pleuré.

— Je lui pris la main et lui dis :

— Caroline, m'entendez-vous ?

Elle fit un mouvement qui disait :

— Oui.

— Eh bien, mon enfant, vous me demandiez ; que me vouliez-vous ?

Elle fit remuer son menton, sans parler, et me montra sa main; les doigts étaient morts. Il y avait grand feu à la cheminée; je demandai des serviettes et les fis chauffer, aidée de Virginie, et lui en mis aux pieds, aux mains, sur le ventre et sur la poitrine. On les changeait toutes les secondes.

Elle fit un mouvement de bien-être, ses yeux ne me quittèrent pas; elle se réchauffa peu à peu, la parole lui revint.

— Ma bonne maîtresse, je vous attendais.

— Eh bien! je suis là, je ne vous quitterai plus; mais je vais vous gronder. Pourquoi n'avez-vous pas voulu recevoir un prêtre? Est-ce que cela vous fait peur?

— Oui.

— Pourquoi? leur parole console et chasse le mauvais esprit. J'en envoie chercher un, entendez-vous? nous prierons ensemble.

Son mari m'avait compris, il était allé à l'église. Elle regarda partout, me fit signe de me baisser, et me dit:

— Vous aurez soin de ma petite fille, n'est-ce pas? *Elle n'aura que vous.*

— Oui, j'en aurai soin, et vous aussi. Vous irez mieux ce soir. Voilà votre mari.

Elle voulut me faire un signe, je ne compris pas.

Le prêtre lui parla ; elle murmura :

— Oui.

Virginie et moi nous nous mîmes à genoux au pied du lit.

Pendant la prière, elle se débattit, son corps roula presque à terre : nous la relevâmes ; elle voulut parler, les crampes lui tordaient les membres ; elle fit une contorsion épouvantable, se détendit, et retomba la bouche et les yeux ouverts.

Je crus voir une vapeur passer ; elle venait de rendre l'âme !

Chacun fit sa prière ; Virginie partit. Le mari de Caroline sortit avec le prêtre ; je restai seule avec la morte. Je mis ma main droite sur son front encore tiède, la main gauche sur mon cœur, et je lui fis le serment d'élever sa fille, de veiller sur elle et d'en faire une honnête femme ; car je savais que son père ne pourrait rien. Il n'était pas le mari de Caroline, il était marié à une autre femme ; sans moi, la pauvre petite n'avait que les Enfants-Trouvés.

Le corps de la morte se décomposa si vite que personne ne voulut la garder. Celui qui se disait son mari, sans doute pour oublier son chagrin, était allé au cabaret. Je la gardai moi-même. Je passai la nuit à lire dans la chambre voisine.

Quand on vint la chercher, je l'accompagnai à l'église, rue Caumartin ; je la quittai à la sortie. Elle devait lire dans mon cœur et s'en aller tranquille, sûre que sa fille serait heureuse.

XXXIII

IRRÉSOLUTIONS.

J'avais donné congé de mon logement qui était trop loin; j'avais loué, boulevard Poissonnière, 24, un joli appartement au second sur le devant.

Mon intention était de rentrer au théâtre.

Richard venait me voir quelquefois.

Mon déménagement fait, je m'informai de ce que faisait Robert: Il était parti en Vendée chez une parente.

Richard m'aimait-il vraiment? je lui avais fait subir bien des épreuves. J'avais besoin de croire à l'affection de quelqu'un; ce fut sa force sur moi.

Il était extrêmement doux et constamment affectueux.

Une chose lui faisait de la peine ; c'était de m'entendre toujours parler de Robert ; mais soit par distraction, soit que j'y pensasse plus que jamais, je ne pouvais pas m'en empêcher.

Je ne savais pas au juste quelle était la position de Richard. Les uns lui donnaient une grande fortune, d'autres peu ; comme il avait beaucoup d'amour-propre, il laissait exagérer.

Il me restait pour tout mobilier une salle à manger en vieux chêne, et un magnifique lit, le reste ayant été emporté en Berri.

Richard m'envoya son tapissier avec ordre de me donner à son compte tout ce dont j'aurais besoin.

Paris est la ville aux merveilles! Deux jours après, mon appartement était meublé.

Pour toutes ses bontés, Richard recevait à peine un remercîment, un sourire. J'étais triste ; l'amour que j'avais pour Robert était maître de moi ; je me livrais un combat inutile. L'oubli que j'appelais de toutes mes forces me fuyait et me laissait mordre par le souvenir. Je cherchais en vain un motif de désillusion. Robert était un de ces hommes qui font tout bien, qui plaisent à tout le monde ; grand seigneur dans les plus petites choses, bon, généreux, brave, un esprit vif, franc ; tout le monde l'aimait, et moi plus que tout le monde. La passion embellit tout ; pourtant ceux qui l'ont connu savent que je n'exagère pas.

Richard avait de grandes qualités, mais il ne ressemblait en rien à cette nature exubérante d'ardeur et d'imagination ; il était doux et bon. Peu de temps après mon installation, il vint me chercher un soir pour dîner. Nous étions sur la porte de l'allée quand je vis Robert ; il s'arrêta en face de nous, regarda Richard et me dit :

— Puis-je vous dire un mot ?

Sa vue inattendue m'avait bouleversée ; je tremblais, ne sachant que répondre.

— Eh bien, dit Robert, vous déciderez-vous ?

Je regardai Richard qui, sans le connaître, l'avait deviné ; il était pâle d'émotion et de colère. Je le priai des yeux en lui disant :

— Voulez-vous être assez aimable pour aller m'attendre à la Maison d'Or ? je vous rejoins dans cinq minutes.

— Bien sûr, au moins ! me dit Richard en regardant Robert qui semblait le défier. Et leurs regards se rencontrèrent avec un éclair de menace.

— Allez, lui dis-je en le poussant un peu, je vous le promets.

Il se retourna en s'éloignant. Robert, les bras

croisés, le suivait des yeux ; puis s'adressant à moi, il me dit :

— Je vous ai dérangée, ma chère, j'en suis fâché ; mais j'arrive à l'instant et n'étais pas au fait. Il est bien, ce monsieur ; vous n'avez pas perdu de temps ; j'avais à vous parler d'affaires ; vous êtes pressée, je m'en vais. J'aurais dû savoir que quand on a quitté une femme comme vous quelques heures, il faut écrire pour ne pas se rencontrer avec d'autres ; chez Mogador les instants sont comptés.

Je sentais le persifflage arriver ; je voulais l'arrêter.

— Le temps perdu, Robert, c'est celui que j'ai passé et que je passe à vous aimer, malgré moi, j'en conviens ; en échange de cela, j'espère que vous ne venez pas pour me dire des choses pénibles. Je ne vous ai rien fait ; vous m'avez prise et quittée. J'ai souffert et je souffre encore ; je ne vous ai pas adressé une plainte, un reproche. Le droit que vous aviez de me quitter, je l'avais de vous remplacer. Je n'ai pas de fortune, j'aurais mieux aimé mourir que de vous demander quelque chose.

— Charmant ! de sorte que c'est par affection pour moi que vous avez accepté les bienfaits d'un autre. Alors vous ne l'aimez pas, cet homme ?

La voix de Robert s'était radoucie, et sa figure était triste.

— Non, malheureusement!

— Eh bien! restez avec moi; n'allez pas à ce dîner: vous me devez bien cela; j'ai tout rompu; je ne puis me passer de vous; mais si vous sortez, je pars et ne vous reverrai jamais.

— Je vous aime toujours, Robert; ce que vous venez de me dire me rend bien heureuse; pourtant, au prix que vous y mettez, je ne puis accepter. Ne pas aller retrouver M. Richard serait une méchante grossièreté. J'ai été bien contente de le trouver; je n'ai reçu de lui que des marques d'attachement; je ne puis être ingrate: je vais y aller. Après le dîner, je rentrerai et je lui écrirai que je ne puis le voir, si vous me promettez de ne jamais me reprocher un tort qui est votre ouvrage.

J'avais dit mon dernier mot; Robert avait trop d'esprit pour ne pas comprendre que j'avais raison.

— Allez, me dit-il, je vous attends.

J'arrivai à la Maison d'Or. Richard poussa un cri de joie en me voyant.

— Oh! que j'avais peur que vous ne vinssiez pas! Eh bien! comment votre entrevue avec M. Robert s'est-elle passée?

— Mais comme elle devait se passer, bien. Je

vais le revoir tout-à-l'heure, nous avons à parler d'affaires.

— Quoi! dit Richard, vous allez le revoir après dîner?

— Oui, mon ami.

— Voyons, Céleste, ne me mentez pas; vous me sacrifiez, n'est-ce pas? Vous me quittez? C'est mal! Je ne veux ni vous faire de reproches, ni vous donner de conseils. Vous m'en avez assez appris sur son caractère pour que je vous prédise ceci : C'est qu'il vous rendra malheureuse et qu'il vous quittera avant un mois. Revenez à moi alors, à moi qui vous aime pour vous et non pour moi. Je ne puis lutter contre lui, vous l'aimez ; je dois me résigner, attendre.

Il me prit les mains, les embrassa, me disant :

— Partez, votre présence me fait mal; mais ne m'oubliez pas.

Je montai en voiture ; il s'éloigna vite. Je m'aperçus avec douleur qu'il avait dû se faire violence pour prendre ce parti.

Je venais de sacrifier beaucoup à Robert; il m'attendait et me reçut froidement. Il ne devait passer que quelques jours à Paris; son projet était de repartir dans la semaine ; il n'avait sans doute pas songé à m'emmener, les événements seuls venaient de le décider.

Il regardait chez moi chaque chose nouvelle avec un sourire de mépris, et me disait que tout cela était de mauvais goût.

Je défendais ce qu'on m'avait donné.

Robert en prit du dépit et il lui vint en tête une folie : il m'apporta une parure d'émeraudes et de diamants, digne de l'écrin d'une reine. Je regardai éblouie, ne voulant pas croire qu'un pareil trésor fût à moi. Quand je fus remise de mon étonnement, je lui fis des reproches.

— Je n'aurai jamais l'occasion de mettre de si belles choses, et puis cela doit être si cher ! Vous avez eu tort, vous me faites de la peine.

Il me répondit poliment que cela ne me regardait pas.

Dois-je avouer que la première impression passée, je pris assez aisément mon parti de ce magnifique cadeau ? Depuis, je me suis bien blasée sur les bonheurs de la coquetterie ; mais je n'en étais pas encore arrivée à ce degré de stoïcisme ; aussi, pour être complétement franche, je dois convenir que, me laissant aller à toute ma joie, je n'en dormis pas pendant deux nuits ; je me réveillais en sursaut, croyant qu'on enfonçait ma porte.

Cette parure, qui se composait d'un bracelet, d'une broche, de boucles d'oreilles, de bagues, aurait pu valoir, chez un marchand consciencieux, vingt mille francs; elle avait peut-être coûté à Robert le double chez son bijoutier du Palais-Royal. Cet homme avait pris l'habitude de vendre si cher à Robert, quand il n'avait pas de fortune, que, pour ne pas ouvrir les yeux de ce dernier, il continuait son métier avantageux. Sa figure me déplaisait et je ne voulais jamais avoir recours à lui pour la plus petite chose. Mes pressentiments ne m'ont jamais trompée: je le voyais apparaître dans ma vie comme un traître de mélodrame.

Robert paraissait charmé de mon enchantement, et il profita de cela pour me dire:

— Faites vos malles, je vous emmène.

Pardonnez-moi de vous conduire aussi souvent sur la route du Berri; mais je suis obligée de suivre le fil de mon existence, et ce n'est pas la faute de mon récit, si cette existence s'est vingt fois embarrassée dans les mêmes broussailles. La légende de mes amours avec Robert a été une légende de voyages. Nous étions partis de points si différents, que nous devions faire beaucoup de chemin pour nous rejoindre.

J'étais en Berri depuis quinze jours à peine, que les mêmes scènes recommencèrent.

— Voyons, Robert, vous me rendez malheureuse, et vous n'êtes pas heureux; vous me dites souvent des choses pénibles sans motifs. Vous avez des regrets dont je suis la cause; voulez-vous que je m'en aille?

A cela il répondait souvent non, mais le lendemain la querelle recommençait. Il chassait plus que jamais ; ses affaires s'embrouillaient de plus en plus. Je voyais cela mieux que lui, qui paraissait être en pleine sécurité. Un jour, à son retour de la chasse, je me plaignis de ma solitude; il avait manqué son sanglier, ce fut moi qui payai la défaite.

— Ah ça ! ma chère amie, vous êtes revenue de votre bonne volonté ; vous connaissez mon genre de vie ; si je vous ai fait quitter des gens plus amusants que moi, j'ai tâché de m'acquitter envers vous du sacrifice que vous me faisiez ; si vous trouvez que cela ne soit pas assez, faites un chiffre.

Le ton dont tout cela était dit me fit un mal affreux ; je pensai à Richard si doux. J'étais près de Robert : on sacrifie vite, moralement, ce que l'on a près de soi. Il pâlissait dans ma pensée à mesure que l'autre s'y gravait.

Je répondis :
— Vous m'avez donné une belle parure; j'ai le droit et l'agrément ici de pouvoir la montrer au soleil pour qu'il se mire dedans: cela ne peut me

distraire des jours entiers. Ce qui m'entoure est
bien triste ; ce château porte malheur : votre jardinier vient de perdre ses deux filles en moins
d'un mois ; Solange vient de perdre sa mère. Depuis quelques jours, je fais des petites robes de
deuil pour elle et ses sœurs ; c'est à peine si je
vous vois. Je n'entends que des hurlements du
matin au soir ; la rage est dans votre chenil. Chaque
jour, il faut pendre un ou deux de ces beaux
chiens que j'ai presque élevés ; le vent souffle dans
vos vieilles tours à les enlever ; mon aversion pour
la campagne augmente, et puis vous êtes incertain du lendemain ; je m'attends toujours à être
renvoyée. Vous ne pourrez me garder longtemps ;
vous faites des dépenses folles, ce train de maison
vous ruine. Vous m'avez faite la complice de vos
folies en me donnant une parure magnifique.
J'étais plus heureuse les premiers jours que je
suis venue ici, et vous ne m'aviez pas payée,
comme vous venez de me le dire. Puisque nous
sommes sur ce sujet, je vous dirai ce que j'aurais voulu pour être heureuse près de vous :
D'abord, vous voir diminuer vos charges ; mon
amour pour vous et l'idée de vous encourager à
redresser votre fortune, m'auraient fait rester ici
enfermée tant que vous l'auriez voulu. Le premier
jour où je vous ai connu, je vous ai dit ma posi-

tion ; vous connaissez mon passé, mes craintes pour l'avenir et celles de chaque jour. Vous m'auriez fait un grand plaisir en me plaçant le quart de la valeur de cette parure.

Robert ne répondit rien. Me donnait-il raison, ou l'avais-je fâché! Est-ce cela qui le décida à me quitter de nouveau ? Quelques jours s'étaient écoulés depuis cette explication ; il était soucieux. Je lui dis un matin :

— Qu'avez-vous, Robert? Est-ce un nouveau projet qui vous tourmente et que vous n'osez m'avouer ? Ma présence vous gêne ou vous déplaît.

— Non, Céleste, votre présence ne me déplaît pas, mais je viens de perdre une somme assez importante à la Bourse ; je suis préoccupé.

Je m'efforçais toujours de lui arracher sa pensée. Quand on est jaloux, on cherche la vérité jusqu'à ce qu'on la trouve ; alors on est dix fois plus malheureux. J'avais un soupçon ; à force d'insister, je lui donnai une idée qu'il n'avait pas. C'est encore ce qui arriva cette fois.

— Oui, lui dis-je, vous avez perdu beaucoup, peut-être ; il n'y a qu'un mariage qui puisse vous sortir de l'embarras où vous êtes. Ne vous gênez pas pour moi, et puisque vous tenez à ce château et à ces domaines, prenez un parti, acceptez un mariage qui vous fasse deux fois millionnaire. Pour vivre avec moi, il vous faudrait vendre tout cela ; je ne vous demanderai jamais une chose aussi extravagante ; je regrette seulement que vous soyez revenu me chercher. J'aurais dû vous refuser ; mais que voulez-vous ? je vous aimais encore ; un amour comme le mien ne vaut pas un si grand sacrifice. Réfléchissez bien.

Il me tendit les mains en me disant :

— Vous avez raison, je suis un fou. On m'a proposé un parti superbe ; je refusais pour vous qui vous ennuyez ici et qui seriez plus heureuse à Paris, au milieu de ces gens qui vous aiment et vous entourent. Que puis-je pour vous ? Ma vie est une vie de gêne ; voilà déjà trop longtemps que vous la partagez. Je vous rends votre liberté ; vous partirez quand vous voudrez.

— Demain vous me ferez conduire à la ville.

Je rentrai dans ma chambre, assez résignée, mais en faisant mes préparatifs, un grand orage s'amassa sur mon cœur. J'avais beau me dire que c'était moi qui avais cherché cette séparation, que c'était moi qui l'avais amenée, le tonnerre grondait dans mon âme, et à tout, je répondais :

« Il aurait dû ne pas accepter, tout quitter pour vivre avec moi, s'il m'aimait. »

8.

Je refusai de descendre dîner, et le lendemain, à dix heures, je le fis demander.

— Comment allez-vous ce matin? me dit-il d'un air calme qu'il se donnait peut-être, mais qu'il joua si bien qu'il me mit en rage.

— Vous êtes trop bon, je vais bien. Vous voyez que je suis prête; tâchez que cette séparation soit la dernière. A toutes ces ruptures, mon amour se brise et il finira par tomber en poussière. Tâchez que le vôtre, si vous en avez, passe avec le mien, car je vous ferais atrocement souffrir; le manque d'éducation a laissé en moi quelque chose de sauvage qui souhaite le mal. Le jour où je ne vous aimerais plus, vous vous tueriez à ma porte que je passerais par-dessus votre corps pour sortir. Ménagez-moi ou n'ayez jamais besoin de moi. Il y a dans les gens de ma sphère la haine et le besoin de se venger de ce qui est au-dessus d'eux; c'est à peine si les grands peuvent se faire pardonner leur naissance, leurs avantages à force de bonté. On se met près d'eux, on se mesure, et en se voyant si au-dessous par la position, on se demande pourquoi cette distance, surtout quand le cœur et l'imagination devraient vous rapprocher. Celui qui est en bas se dit : Pourquoi ne suis-je pas à leur niveau? Je suis en bas, Robert, je suis lasse de recevoir et de ne pouvoir donner. Si j'étais à votre place, je vous rendrais bien heureux; à la mienne, tout me fait souffrir; le mot le plus insignifiant est une blessure. Vous riez; cette fierté vous fait pitié? Est-ce ma faute si on n'a pas arraché à la fois de mon âme toutes ses qualités? Une seule est restée; elle se débat dans la poussière des autres : je la laverai avec mes larmes; elle me restera...

— Adieu, Robert, rappelez-vous cet entretien; si un jour vous étiez plus malheureux que moi, vous verriez si je vous aime. Ce qui nous sépare, c'est votre position, je la déteste. Je veux vous donner les baisers que je vous donne, je ne veux pas les vendre. L'amour que j'ai pour vous ne s'achète pas; ni vous, ni personne ne serait assez riche pour le payer. Adieu! voyez, je vous quitte sans verser une larme. Vous appelez cela mon orgueil, c'est ma fierté qui se réveille.

Il ne me retint pas. Il me dit, je crois, adieu, avec une volonté bien arrêtée de ne plus me revoir.

XXXIV

LE THÉÂTRE DES FOLIES-DRAMATIQUES.

Je revins à Paris, désespérée, comme toujours; il fallait pourtant prendre un parti. J'avais à m'occuper de moi, de l'avenir et de celui de ma petite filleule Solange que j'appellerai désormais Caroline, en souvenir de sa mère. J'avais de ses nouvelles; elle se portait bien. C'était une consolation, mais mieux elle se portait, plus il fallait songer à elle. Je résolus donc d'entrer dans un théâtre; je fis plusieurs tentatives inutiles.

On m'avait bien dit de m'adresser à M. Mouriez, directeur du théâtre des Folies-Dramatiques; mais il avait la réputation d'être brutal et je n'osais l'aller trouver. Je pris le parti de lui écrire, lui disant qui j'étais et ce que je désirais. Il me fit répondre par son régisseur qu'il me recevrait le lendemain. Il n'est rien de tel que de faire une mauvaise réputation aux gens pour qu'on les trouve charmants; c'est ce qui m'arriva avec M. Mouriez. Je ne ferai son portrait ni au physique ni au moral. Tout le monde sait que c'est un des meilleurs administrateurs de théâtres qu'il y ait à Paris; il a fait sa fortune en payant bien ses artistes : c'est le contraire de beaucoup d'autres. Ses conseils, quoique un peu brusques, sont toujours bons; la preuve, c'est qu'une grande partie des acteurs et des actrices qui ont du talent sortent de chez lui. Tous ses anciens pensionnaires disent du bien de lui, lui sont reconnaissants et le regrettent. Je suis du nombre.

Je me rendis donc à son cabinet; il me regarda de côté, car il écrivait, et me dit :

— Vous voulez entrer dans mon théâtre ?

— Oui, monsieur, et je serais bien contente si vouliez m'y admettre.

— Vous n'avez jamais joué?

— Si, monsieur, mais bien peu et très mal: une pièce à Beaumarchais, une aux Délassements.

— Ce n'est pas beaucoup.

Il se retourna pour me regarder. Cet examen parut m'être favorable.

— Cela vous ferait donc bien plaisir d'être ici ? Je dois vous prévenir que j'ai des actrices qui vont bien, qu'il faut travailler, être exacte.

— Si vous voulez me prendre, je vous promets d'être exacte, je tâcherai d'être bonne ; si vous voulez m'essayer, vous ne me payerez pas pour commencer.

Je crus l'avoir fâché, car il fit un saut sur son fauteuil et me répondit sèchement :

— Mademoiselle, si, vous me convenez ; je vais vous engager et vous payer ; je ne fais pas d'engagement pour rien. Je paye les gens qui me servent. On m'a lu hier la parodie du *Juif-Errant*, vous débuterez dedans ; il y a un rôle de reine Bacchanale, cela vous convient-il ?

Ma réponse fut ma signature au bas de l'engagement qu'il me présentait.

— Bien, me dit-il, allez ! On vous lira la pièce dans quatre ou cinq jours.

Je sortis radieuse. Si, quand on est malheureux on a besoin de conter ses peines, c'est bien pis quand on a une grande joie. J'avais envie de crier aux passants : « Je suis engagée aux Folies ; on me paye, et on m'a dit qu'on fournissait les costumes. Mais, pensant que cela manquerait d'intérêt pour le public, je cherchais à qui je pourrais raconter cette bonne nouvelle. J'étais en ce moment sur le boulevard Saint-Denis; Richard y demeurait. Je ne pouvais, si ce qu'il m'avait dit était vrai, trouver personne qui s'intéressât plus à moi, et je montai, après avoir demandé s'il y était. En chemin, j'eus le temps de faire bien des réflexions. Quoique son appartement fût très-joli, il était au cinquième étage; ajoutez qu'arrivée au quatrième la peur d'être mal reçue me prit. Je redescendis jusqu'au premier en me disant : Je l'ai quitté assez brusquement; il m'a dit la phrase de rigueur : « Comptez toujours sur moi. »

Admettons qu'il ait eu un peu de chagrin, il aura trouvé beaucoup de femmes pour le consoler; peut-être en ce moment y a-t-il chez lui une jolie garde-malade qui achève sa guérison. Je descendais toujours; encore un étage et j'étais dehors, mais je sentis dans ma poche mon cher engagement; l'envie de le montrer me reprit si fort que je regrimpai jusqu'au haut sans respirer. Je tirai la sonnette en pensant à ceci : que s'ils étaient deux j'aurais à la fois un confident et une confidente. Ce fut Richard qui vint m'ouvrir.

Je me mis à parler comme une pie; j'avais tant de choses à lui apprendre, que cela dura vingt minutes sans qu'il en comprît un mot. Il faut dire qu'il ne me prêtait pas une grande attention; il me regardait d'un air étonné.

— Ah! lui dis-je, c'est comme ça que vous me recevez ; vous ne me dites même pas bonjour. Je m'en vais.

Il me barra le passage et se mit à rire.

— Je ne vous ai rien répondu, parce que je suis surpris de vous voir, ensuite parce que vous ne m'en avez pas laissé le temps ; vous n'avez pas arrêté. Je vous remercie de m'avoir cru assez votre ami pour venir me conter ce qui pouvait vous arriver d'heureux.

J'étais fâchée d'être montée ; il avait l'air bien froid ; je me sentais mal à mon aise. Je me levai et lui dis :

— Et moi je vous remercie de m'avoir écoutée, je m'en vais... Il me fit rasseoir.

— Reposez-vous encore un peu, c'est bien le moins, après avoir monté mes cinq étages. Dites-moi donc comment il se fait que vous soyez libre ?

— Ce n'est pas difficile à deviner. Robert m'a donné congé avec ordre de quitter le Berri sous vingt-quatre heures ; les dix heures de chemin de fer étaient comprises dedans. J'étais assez faible de caractère pour lui ; maintenant que je suis engagée, mon dédit aura de la fermeté pour moi ; je ne partirai plus.

— Vous ! me dit Richard d'un air triste, il n'aura qu'un signe à faire et malheureusement vous y retournerez.

— Malheureusement? on dirait que cela vous vous fait de la peine; pourtant vous ne m'aimez plus, n'est-ce pas?

— Je l'ai cru, j'ai tout fait pour cela, c'est mon mauvais génie qui vous a amenée ici; si je ne vous avais pas revue...

— Eh bien! je m'en vais.

— Non, je vous en conjure, laissez-moi vous regarder; j'ai été si malheureux de vous perdre, j'ai tant souffert!

— Ça ne vous a pas maigri.

— Vous riez toujours, Céleste. Voyons, vous êtes libre, j'oublie ce que vous m'avez fait, restons amis; je crois que vous avez eu tort d'entrer au théâtre, on y dépense plus qu'on ne gagne.

— Vous saviez bien, Richard, qu'il y a eu dans ma vie un jour fatal; je suis forcée de traîner ma chaîne sans pouvoir la rompre.

— Oh! si je pouvais disposer de ma fortune, je vous ôterais bien vite ce chagrin; mais restez avec moi, patientez et bientôt... Je ne veux pas vous donner un faux espoir, ça fait trop de mal.

Je ne devinais pas sa pensée. Dans la crainte de me tromper, je ne cherchai pas.

Il voulut me reconduire, et je me sentis soulaée d'avoir retrouvé, si empressé, cet ami que j'avais abandonné, sans m'inquiéter du mal que je pouvais lui faire.

Je répétai aux Folies avec Lassagne, acteur très-aimé du public; évidemment, il avait du talent, mais il en était trop sûr; il ne parlait de rien moins que d'ouvrir un cours, afin de donner des leçons, des conseils à Bouffé, à Arnal, à Odry.

Il ne m'aidait jamais en jouant; il profitait de mon embarras en scène pour me jouer des tours; il ajoutait à son rôle. Je n'avais pas la réplique, et je ne savais que devenir. Pour produire un effet, il aurait fait siffler son meilleur ami.

Tout le monde le connaissait; on le tenait à distance. Il était aimé de peu de personnes. Souvent, M. Mouriez lui parlait durement; Mme Odry le pria bien des fois de cesser ce qu'elle appelait ses *cascades*, sous peine de le faire mettre à l'amende.

Il y avait, parmi les femmes, Angélina Legros; elle était là depuis quinze ou seize ans et commençait à être trop marquée pour jouer son emploi.

Dans chaque débutante elle voyait une rivale et ne la ménageait pas. Je débutai précisément par un de ses rôles; j'avais besoin de me faire des amies dans le théâtre, et j'avais eu la naïveté de compter sur elle; mais je renonçai bien vite à cette illusion.

Je frappai à d'autres portes : j'entrai chez Dinah, jolie petite brune, un peu bamban ; je ne fus pas longtemps à m'apercevoir de ses défauts. Elle avait toutes les petites faiblesses de l'enfance. Je passai à Duplessis : celle-là était nulle. Il restait une voisine, Frenex, extraordinaire créature, petite, maigre à lui compter les côtes, blond et rouge mêlés, un nez comme il y en a peu, des dents comme il est aise de s'en procurer pour son argent, la bouche grande, les cils et les sourcils blond albinos; le tout peint en noir, blanc et rouge, était passable. Elle avait de l'esprit, elle était mignonne, distinguée, bonne actrice, capricieuse et coquette.

Une nouvelle amie était une conquête; aussi me reçut-elle très-bien ; cela dura quelques jours.

Elle était malheureuse en affections, je ressentis le contre-coup de sa mauvaise humeur. Je suivis, triste de cette rupture, le couloir jusqu'à la loge de Léontine.

Elle voit à peine clair, c'est un bien grand malheur; pourtant, cela lui fera pardonner un petit ridicule : elle ne se voit plus bien, et se fâche de ce qu'on ne veut pas lui faire jouer de jeunes grisettes. Elle a bon cœur. M. Dennery la connaissait bien, quand il fait Chonchon dans la *Grace de Dieu*.

Les Folies ne sont pas comme les autres théâtres : il n'y a pas de foyer pour les artistes ; les coulisses sont si petites qu'on attend son entrée dans sa loge ; ces loges sont grandes et claires comme le dedans d'une malle fermée ; on s'y ennuie à périr, c'est pourquoi j'étais allée faire une petite visite à toutes ces dames ; mais les abords n'avait pas été chose facile ; toutes s'étaient écriées en apprenant que j'étais engagée et que j'allais débuter aux Folies :

— C'est indigne de nous donner une Mogador pour camarade ! Quelle estime le monde aura-t-il maintenant pour les actrices des Folies ?

Si la morsure d'un chien vous rend enragée, les méchancetés dirigées contre vous à tout propos, souvent sans motif et toujours sans en avoir le droit, peuvent bien vous rendre un peu méchante.

Une seule de mes compagnes me donna des conseils et fut très-bonne pour moi, Mme Odry.

Quant aux hommes, c'était autre chose ; Hensey, Coutard, Boisselot, Hoster, tous étaient charmants pour moi, et se disputaient le plaisir de me donner des avis dont j'avais grand besoin et que je m'efforçais à suivre de mon mieux.

XXXV

OÙ L'ORGUEIL VA-T-IL SE NICHER?

Richard avait fait une cour assidue à Mlle Alice Ozy; il avait cessé tout à coup; elle s'était informée du motif de cette subite froideur. Le motif c'était moi. Elle me prit en grippe sans me connaître.

Un jour j'avais à dîner Richard et un de ses amis, le comte de B...

— A propos, dit celui-ci, après le dîner, viens-tu demain au bal chez Ozy? Cela me ferait plaisir; j'ai peur de n'y connaître personne.

— J'irais bien, dit Richard, si on avait engagé Céleste.

— N'est-ce que cela, dit son ami tout joyeux, je vais lui demander une invitation, c'est à côté. Je suis ici dans cinq minutes.

En effet, il fut à peine un quart d'heure. Je ne sais quel pressentiment m'avertissait, mais je passai dans ma chambre, me promettant d'écouter.

— Eh bien? dit Richard.

— Eh bien! mon cher, tu ne me disais pas que tu étais en délicatesse avec elle ; elle m'a refusé net, et puis elle s'est ravisée, et m'a dit : Je veux bien qu'il vienne, mais je ne veux pas recevoir Mlle Mogador ; jamais cette fille ne mettra les pieds chez moi. Fi! l'horreur! pour qui me prenez-vous?

— Tais-toi, dit Richard, il ne faut pas dire cela à Céleste.

Je rentrai sans faire semblant de rien savoir; mon amour-propre était engagé. Je me fis à moi-même la promesse que l'altière Ozy me recevrait avant huit jours. Cela ne me paraissait pourtant pas très-facile. Je me rappelai que Victorine la connaissait. Je fus la trouver. Elle me fit un reproche d'être restée si longtemps sans venir la voir.

— Ma chère, je mérite encore plus vos reproches que vous ne le croyez, car je ne viens aujourd'hui que parce que j'ai un service à vous demander; mais il ne faut pas m'en vouloir, le théâtre me prend tout mon temps.

— Je sais cela, me dit-elle en riant; je vous ai vue jouer il y a quelques jours, vous n'êtes pas bonne.

— Je tâcherai que cela vienne.

— Quelle idée vous a prise d'entrer là?

— Je suis tout à fait fâchée avec Robert.

— Alors, c'est un coup de tête ?

— Oui, mais ce n'est pas pour parler de ça que je suis venue vous voir. Figurez-vous, ma pauvre amie, que j'ai reçu hier un grand affront. On a demandé pour moi une invitation à Mlle Alice Ozy, qui a refusé dans des termes qui m'ont blessée. Je veux la connaître, je veux qu'on me voie avec elle; pouvez-vous m'aider?

— Non, je ne la vois plus; mais je suis étonnée de son dédain; son talent ressemble au vôtre. Quant à votre nom de Mogador, vous pourriez faire comme elle, en changer. C'est gentil, Alice Ozy, mais ce n'est pas son nom.

— Ah! vous croyez?

— Je ne crois pas, j'en suis sûre. Il me semble qu'elle pourrait vous recevoir de plain-pied. Eh! parbleu! elle est liée en ce moment avec Rose Pompon. Vous devez connaître Rose Pompon!

— Oui, j'irai chez elle s'il le faut, mais

M⁽ˡˡᵉ⁾ Ozy me recevra. Adieu, chère amie, ou plutôt à revoir. J'ai affaire et je n'ai que huit jours pour achever cette conquête.

— Vous avez plus de temps qu'il ne vous en faut.

J'arrivai chez Rose Pompon, qui se mit à m'en conter de toutes les couleurs. Il y avait chez elle une maîtresse de piano qu'elle chargea de baisers, de compliments, pour M⁽ˡˡᵉ⁾ Ozy. Je compris que cette femme pourrait me servir. Je la priai de venir me voir le lendemain matin ; elle me dit qu'elle ne pouvait venir plus tard que dix heures, onze heures étant l'heure des leçons de M⁽ˡˡᵉ⁾ Alice.

Elle arriva le lendemain. C'était une jeune personne de quarante ans, qui commença par me dire beaucoup de mal d'Ozy, bien qu'elle fût habillée des pieds à la tête d'effets qu'elle tenait de sa générosité. Je ne l'avais pas fait venir pour m'affliger sur l'ingratitude humaine.

J'abordai le sujet qui intéressait mon amour-propre.

— Figurez-vous, madame, que j'ai une envie démesurée de faire connaissance avec M⁽ˡˡᵉ⁾ Ozy. J'ai entendu dire que c'était une charmante personne. Je ne me dissimule pas que cela est bien difficile, la curiosité ne raisonne pas! Son appartement est, dit-on, somptueux.

— Et vous voudriez le voir, me dit-elle avec un petit air protecteur.

— Je l'avoue, c'était pour cela que j'étais allée chez Pompon; mais doutant de son crédit, je n'ai rien voulu lui demander.

— Et vous avez bien fait! Mlle Alice en a par-dessus la tête de cette Pompon. C'est une menteuse, elle promet toujours et ne tient jamais. Je vais dire à Ozy que vous la trouvez jolie, que vous ne parlez que d'elle, de son luxe. Envoyez-lui des fleurs et avant deux jours elle vous demandera de vouloir bien lui faire une visite.

En effet, Ozy me fit dire par la maîtresse de piano que je faisais des folies, qu'elle avait reçu de moi une corbeille magnifique et qu'elle me priait d'aller voir l'effet qu'elle faisait dans son salon.

Je ne me fis pas prier et je n'eus pas à m'en plaindre. Elle fut charmante, m'engagea à revenir le plus souvent possible. Le lendemain, elle m'envoya demander si je voulais dîner avec elle au coin du feu. Ma réponse fut accompagnée d'un superbe bouquet. Elle me fit un cours complet de philosophie. Elle me parla de la *Bible*, de la grandeur et de la décadence des Romains et de ses goûts simples et modestes. Elle me répéta si souvent qu'elle était bonne, que je dus en être convaincue.

Je reçus une invitation pour son bal. Quelle belle occasion de mettre ma parure d'émeraudes !

J'arrivai la première, car elle m'avait bien recommandé de venir de bonne heure. Son appartement était littéralement inondé de fleurs et de lumières. C'était le plus beau que j'aie jamais vu ; elle avait un goût exquis.

Le monde commençait à venir, Ozy était habillée simplement, ce qui lui allait à merveille, car elle est très-bien faite.

Deux femmes entrèrent dans le salon ; elle fut les recevoir.

Quand elle revint près de moi, je lui demandai :

— Comment appelez-vous ces deux dames ?

— Mesdemoiselles Ber....

— Ce sont les deux sœurs ?

— Non, c'est la mère et la fille.

La fille était maigre, longue comme un échalas ; elle était habillée en enfant avec une grande ceinture de ruban, elle prit un livre et alla bouder dans un petit salon, disant que si elle avait su se trouver en si mauvaise compagnie, elle ne serait pas venue.

La mauvaise compagnie, c'était moi ; Ozy haussa les épaules et n'en fut que plus aimable ; quelques-unes de ces dames me firent bon accueil. Beaucoup furent dédaigneuses et hautaines. Je ne suis pas méchante, mais je pris leur signalement pour m'en souvenir à l'occasion.

Parmi toutes les femmes qui étaient dans ce salon, une me plaisait plus que toutes les autres. Elle était jolie comme les amours, et elle avait l'air fort aimable.

Je la suivais des yeux, je sentis que je l'aimais beaucoup, elle avait un charme irrésistible ; c'était la petite Page. Je n'osais lui parler. Ozy refusa de me la présenter.

XXXVI

MA VOITURE.

Tout cela m'avait aidée à passer un mois. Le souvenir de Robert m'apparaissait bien souvent ; je me cachais pour pleurer.

Richard vint me voir, il était tout pâle.

— Qu'avez-vous donc, mon ami ?

— Il n'est venu personne aujourd'hui ?

— Non, pourquoi ?

— Voyons, me dit-il, en me regardant comme un fou, ne mentez pas ; n'est-ce pas que vous l'avez vu ?

— Ah çà, de qui me parlez-vous ?

— De qui? mais de votre Robert que j'ai vu ce matin; il est à Paris; ne faites donc pas l'ignorante, vous le savez bien.

Je ne pus répondre, mes jambes fléchirent; ce fut moi, j'en suis sûre, qui devins pâle comme la mort; Richard me prit le bras et me dit en me serrant avec colère : Vous voyez bien que vous l'aimez toujours; vous êtes tremblante.

— Je ne vous ai jamais dit que je ne l'aimais plus. Je vous ai dit que je n'irais plus chez lui.

— Et moi, je vous dis que demain vous me sacrifierez, si c'est son bon plaisir; je suis le plus malheureux des hommes!

Il se laissa tomber sur une chaise, et fondit en larmes!

Je n'eus pas le courage de lui dire un mot de consolation, car je souffrais autant que lui. L'éloignement et l'isolement dans lesquels Robert vivait étaient ma force; mais l'idée de le savoir à Paris, peut-être avec une autre femme, me torturait. Je n'entendais que ma peine et le pauvre Richard était oublié.

— Voyons, lui dis-je, n'allez-vous pas faire l'enfant, et m'ôter mon peu de courage. Je ne le verrai plus, vous savez que je ne ferai jamais un pas à sa rencontre; il m'a déjà oubliée, pourquoi m'avoir dit que vous l'aviez vu; j'aurais ignoré sa présence.

— Je vous l'ai dit, Céleste, parce qu'il venait de ce côté, j'ai cru qu'il sortait de chez vous; je crois qu'il est revenu sur ses pas et qu'il m'a vu entrer ici.

Oh! l'égoïsme des grandes passions! Comme la nature est cruelle, comme le cœur est sans pitié pour les souffrances des autres, quand il saigne de ses propres blessures!

Richard, cet homme si bon, si dévoué, je le regardais avec fureur. J'aurais voulu le voir loin de moi. Au bout de quelques instants, il ne me fut plus possible de supporter cette torture. J'avais absolument besoin d'être seule.

— Tenez, Richard, allez chez vous, j'irai vous voir demain.

— Vous me renvoyez.

— Non, mon ami, je vous prie de me laisser seule, je suis souffrante.

Il se répandit contre moi en reproches, hélas! trop justes. Mais je n'étais pas disposée à les entendre.

Sa résistance me fatigua. J'ordonnai ce que je venais de demander. Il parut désolé, je n'y pris pas garde; j'étais aussi malheureuse que lui.

Robert était à Paris et n'avait pas cherché à me

voir ! Je ne lui avais même pas laissé un souvenir d'amitié ; pourquoi ? Que lui avais-je fait ? J'eus vingt fois l'idée de prendre mon chapeau et d'aller courir les rues jusqu'à ce que le hasard me fît le rencontrer.

Ma bonne, qui montait, m'apporta une lettre ; elle était de Robert, et contenait ces mots

« Je viens passer quelques jours à Paris : si vos occupations de théâtre ne vous retiennent pas trop, venez me serrer la main, je demeure rue Royale, et vous offre à dîner ; si vous ne pouvez accepter, venez toujours cinq minutes, j'ai à vous parler. »

Je pris un petit fiacre et me rendis chez lui. C'était peut-être bien une faiblesse, mais la passion peut-elle inspirer autre chose ?

Son appartement était à l'entre-sol, je vis sa figure derrière un rideau, il m'attendait.

— Comment, me dit-il, en venant au-devant de moi, une femme si élégante que vous sort en fiacre ; votre amant n'est pas généreux ; je vous avais pourtant bien lancée.

Je le regardais étonnée.

— Si c'est pour me dire cela que vous m'avez écrit, c'était inutile. Si peu qu'on me donne, je ne vous demande rien.

Je me dirigeai du côté de la porte. Il me rappela et me dit :

— Bon, vous avez le caractère mal fait à présent. Pardonnez-moi et faisons la paix. Je vous aime assez pour ne pas perdre de vue ce qui vous intéresse, je sais que vous êtes rentrée au théâtre ; c'est un piédestal : vous devez avoir du succès comme femme ; les hommes sont assez bêtes pour se monter la tête en regardant toutes ces baladines ; enfin, si cela vous convient, tout est pour le mieux ; je comprends maintenant pourquoi vous étiez si pressée de me quitter. Faites-vous de brillantes affaires ? Oh ! ne vous fâchez pas, vous pouvez me dire cela en ami ; je veux vous aider ; une fille comme vous ne peut sortir à pied, la police pourrait l'arrêter ; je vais vous faire cadeau d'une voiture.

Il marcha sur moi. Ses yeux étaient ardents, ses lèvres blanches, il me faisait peur ; je reculai de quelques pas, je le croyais fou.

Il reprit.

— Vous voyez bien que j'avais quelque chose à vous dire ; j'ai à vous dire que vous ne m'inspirez plus que du dégoût. Quel moyen aviez-vous donc employé pour me fasciner ? C'était de la magie, n'est-ce pas ? Un honnête homme ne peut aimer une créature comme vous ; j'étais fou quand je vous ai menée dans le château de mes pères. Pour vous, je me suis perdu dans la considération du monde. Que m'avez-vous donné en échange? un corps flétri, une âme vile, vous avez été ingrate, ignoble; vous n'avez pas respecté un seul jour le souvenir d'un homme qui avait tant fait pour vous. — Voilà ce que je voulais vous dire, vous pouvez aller le répéter à M. Richard qui vous attend sans doute en bas.

Il démasqua la porte pour me laisser passer.

Le sang m'était monté à la tête et m'avait aveuglée. Je faillis tomber à la renverse. Revenue à moi, je sentis mon cœur et mes artères battre violemment. La colère m'enveloppa, je devins une furie.

Je m'avançai à mon tour sur lui. — Ah! vous m'avez fait venir pour m'injurier; et de quel droit, s'il vous plaît? Du droit qu'a un lâche de faire une mauvaise action, du droit qu'on prend d'accuser les autres de ses torts pour s'excuser à ses propres yeux. Vous ai-je rien demandé? Ai-je cherché à vous détourner d'une bonne résolution? Vous ai-je entraîné à toutes ces folles dépenses? Me suis-je plainte de vos caprices? Vous devriez avoir honte du reproche que vous venez de me faire. Car je ne vous l'ai pas caché, je suis fille inscrite; il eût été beau à vous de m'aider à sortir de cette position avant de me conduire chez vous; si je ne vous avais pas confié cet affreux secret sur moi-même, vous me feriez aujourd'hui verser des larmes de sang ; mais je vous regarde en face et je n'ai aucun reproche à me faire ; vous m'avez prise, quittée, puis reprise et quittée ; vous ne vouliez plus de moi, un autre m'a aimée. C'est un grand crime, n'est-ce pas ? Comment ! vous me jetez à la porte et un autre se permet de me ramasser ! Si on pouvait noyer les femmes avec lesquelles on a vécu, cela serait plus commode, n'est-il pas vrai, monsieur le comte ? Que voulez-vous ? la justice est mal faite.

J'eus un rire nerveux qui me fit atrocement mal ; je sortis en courant, j'étouffais. Dans la voiture je fondis en larmes. Je courus chez Richard lui raconter tout ce qui venait de se passer.

Il me plaignit et me reprocha doucement d'y être allée.

Je rentrai chez moi dévorée par la fièvre ; c'en était trop. Robert me fit demander, il regrettait sans doute le mal qu'il m'avait fait, car il me connaissait. Il avait dû comprendre tout le désespoir que j'avais au cœur. Je refusai de le voir ; il arriva derrière son domestique. Il ferma la porte du salon et vint s'asseoir près de moi ; je me levai, j'allai ouvrir mon armoire ; je pris dedans tous les bijoux qu'il m'avait donnés et je lui dis : — Une seule chose peut vous amener ici, monsieur, c'est le désir de ravoir ce que vous m'avez donné : je vous le rends, mais comme je ne veux pas qu'en sortant vous portiez ces bijoux à une autre, je les brise. Et levant l'écrin au-dessus de ma tête, je le lançai de toutes mes forces dans la chambre.

La boîte s'ouvrit, les diamants, les émeraudes et les perles roulèrent de tous côtés.

— Vous êtes folle ! me dit-il en poussant la boîte du pied.

— Eh bien, oui, je suis folle de rage, je vous hais ; je me vengerai de vous sur le monde entier, si je le peux. Allons, je n'ai plus rien à vous, sortez ; mais sortez donc ; vous voyez bien que je ne veux pas pleurer.

Je venais heureusement de gagner un fauteuil. Je me sentis défaillir, j'avais des colères affreuses, dangereuses même, car je perdais la raison. Quand la réaction arrivait, je fondais en larmes : puis j'étais malade plusieurs jours.

Robert sonna, me fit donner un verre d'eau et me dit :

— Ma présence ne devrait pas vous irriter, Céleste ; j'ai eu tort et je venais vous demander pardon. Que voulez-vous ? hier en arrivant j'accourais pour vous voir ; car je n'avais fait ce voyage que pour me rapprocher de vous, j'ai rencontré

M. Richard. Il venait ici, cela me fit perdre la tête ; quand je vous ai reçue, j'étais encore sous cette influence.

Il voulut me prendre la main, je la retirai. Exaltée par la colère, je criais :

— Mon Dieu ! faites-moi donc mourir ! Oh ! je me tuerai pour me délivrer de vous, Robert, et d'un monde qui me fait payer bien cher ma déchéance. Maudit soit le jour où j'ai fait le premier pas sur cette route qu'on vous montre, dans l'ombre, couverte de fleurs et d'illusions ! Éclairez-la donc, mon Dieu ! Faites donc voir l'abîme au bout ! montrez les serpents qui vous suivent et qui vous fascinent pour avoir votre jeunesse par lambeaux. Allez-vous-en, laissez-moi, je suis maudite.

Robert se mit à genoux et chercha, par de bonnes paroles, à calmer l'espèce de délire dans lequel j'étais tombée. Quand je revins à moi, j'avais un peu oublié ; ses yeux étaient pleins de larmes ; il me disait :

— Pardonne-moi ; je te jure de ne jamais recommencer.

— Je peux vous pardonner, Robert, mais je ne vous promets pas d'oublier.

Je passai toute la journée du lendemain dans mon lit ; il ne me quitta point.

Je reçus une lettre de Richard :

« Je vous ai attendue toute la journée. Vous ne savez donc pas ce que c'est que d'attendre quand on aime comme je vous aime? Plutôt que de vous perdre tout à fait, je me résigne à tout; mais je veux vous voir, ne fût-ce que cinq minutes. Céleste, je vous ai aimée parce que j'ai cru que vous aviez bon cœur ; ayez pitié de moi. Si je ne vous voyais pas demain, je ferais un malheur. Je sais bien que vous ne m'aimez pas comme *lui*, mais j'ai droit à votre amitié. Vous ne pouvez me réduire au désespoir, moi qui donnerais ma vie pour vous épargner une larme. Je veux croire que vous n'êtes pas libre de vos actions, pour avoir le courage d'attendre jusqu'à demain.

» RICHARD. »

Il avait raison, et sa prière était si douce qu'il m'eût été impossible de la repousser. Pourtant j'avais horreur de mentir, de tromper ; c'est peut-être le seul privilége de la triste vie que je menais, de pouvoir dire la vérité, si dure qu'elle soit. Les détours que je dus employer me firent hésiter, et je dis à Robert : « Mon ami, je vais au théâtre, où je suis attendue. »

Il était, depuis cette scène, d'une tendresse et d'une douceur dont on ne peut se faire idée.

— Va, me dit-il, je t'attends ici.

Arrivée sur le boulevard, je me retournai pour regarder ma fenêtre. Il y était et me suivit des yeux aussi longtemps qu'il put m'apercevoir.

Quand j'arrivai chez Richard, il avait une grande boîte près de lui; il avait écrit plusieurs lettres, il écrivait encore.

— Ah! c'est vous! me dit-il en se levant, si pâle qu'il me fit de la peine; je vous remercie d'être venue. Ce qui m'était le plus douloureux, c'était de mourir sans vous revoir.

— Mourir! lui dis-je en lui prenant les mains pour le faire asseoir près de moi; mourir! vous, si jeune, si beau, qui devriez être si heureux! Voulez-vous bien ne jamais prononcer ce mot-là.

— Pourquoi pas, me dit-il, quand c'est le seul moyen de retrouver le repos perdu? Voyez, j'ai passé la nuit à écrire.

Il me montra les lettres que j'avais déjà vues, puis il ouvrit la boîte, prit un des pistolets qui se trouvaient dedans, et me faisant voir qu'il était chargé, il me dit:

— Je n'ai peur que d'une chose, c'est de me manquer.

Les plus douces natures sont celles qui éprouvent les plus violentes douleurs. Je ne doutai pas un instant qu'il ne me dît vrai, et que sa résolution ne fût prise.

Je courus près de lui.

— Remettez ce pistolet à sa place, Richard, vous me faites peur.

— Vous avez tort, Céleste, la mort! c'est le bonheur pour moi. Je vous aime comme un insensé, ce n'est pas de l'amour, mais du délire. Vous ne pouvez pas m'aimer; vous voyez bien qu'il faut que je meure. Qui donc me regrettera? mon père a été empoisonné à Maurice, j'avais douze ans. Ma mère est morte, j'en avais quinze. Personne ne me donnera une larme.

J'ai voulu vous mettre à l'abri du besoin.

Je vous laisse tout ce que j'ai; quand vous serez malheureuse, pensez à moi, on ne vous aimera jamais comme je vous aime.

En me disant tout cela, il tournait son pistolet dans ses mains; j'entendis un bruit, il venait de l'armer. Je me jetai sur lui et j'essayai de lui arracher son pistolet. Dans cette lutte, il y eut une seconde où le canon se trouva tourné du côté de ma figure.

— Lâchez-moi, disait-il, prenez garde à vous.

— Non, répondis-je en redoublant d'efforts, tuez-moi si vous voulez, la perte ne sera pas grande ; mais, je vous en conjure, ne vous faites pas de mal.

Il fit un mouvement pour se dégager, le coup partit de côté et en l'air; la balle venait de briser mon portrait.

On accourait dans la pièce voisine, il me fit signe de ne rien dire ; je m'appuyai à un meuble; son domestique entra tout effrayé !

— Ah ! pardon, monsieur, de vous déranger, mais cette détonation...

— Ce n'est rien, dit Richard, je jouais avec mon pistolet, la détente est si douce que le coup est parti malgré moi.

Quand il fut sorti, Richard regarda mon portrait. La balle avait déchiré le front. Puis se retournant de mon côté, il me dit :

— Voyons, puisque vous ne voulez pas que je me tue, qu'est-ce que vous pouvez pour me faire supporter la vie ?

— Je peux vous jurer, Richard, que je suis votre amie la plus dévouée. Si je vous avais rencontré plus tôt, comme je vous aurais aimé ! Mais, que voulez-vous ? on suit sa destinée, on ne la fait pas ! Patientez un peu. Tout cela changera d'ici à quelques jours; peut-être pourrons-nous partir ensemble ? Nous ferons un grand voyage, si vous le voulez ; mais ne me désespérez pas, je viendrai vous voir.

— Vous me le jurez, Céleste ?
— Oui, soyez raisonnable.
— Je vous le promets ; quand reviendrez-vous ?
— Après-demain.

Je rentrai chez moi tout émue de cette scène. Robert me regardait les yeux, il cherchait à lire dans mon âme...

Quelques jours se passèrent ainsi ; Robert me connaissait trop bien pour ne pas s'apercevoir du changement qui s'opérait en moi ; certes je l'aimais plus que tout au monde, mais je ne pouvais briser le cœur de Richard qui me menaçait sans cesse des plus folles extravagances. Cette position m'était pénible et me rendait triste, froide ; Robert souffrait ; je n'osais lui tendre la main. Une ombre se plaçait entre lui et moi.

Il me dit un matin :

— Je pars ce soir, vous devez être heureuse ; votre liberté vous est si chère ! Je voulais vous faire un cadeau avant de m'en aller, il n'est pas prêt ; vous le recevrez sans doute demain.

— Mais, mon ami, je n'ai besoin de rien ; vous avez eu tort de faire une dépense, quelle qu'elle soit.

— Si, ma chère enfant, votre théâtre est loin, il vous faut une voiture ; je veux que vous soyez élégante, heureuse ; moi, je suis un triste compagnon ; vous serez plus gaie quand je ne serai pas là, je veux vous laisser jouir de la vie.

Cette situation double me pesait tellement, que pour la première fois j'accueillis la nouvelle de son départ sans regrets. Et puis, il faut bien encore une fois que je dise tout, au premier mot de voiture, mon imagination, toujours ardente pour les choses nouvelles, s'était enflammée. Robert partit le soir. Je passai la journée du lendemain à regarder par la fenêtre. A quatre heures, je vis un délicieux petit coupé s'arrêter à ma porte, un homme sauta du siége, tenant un papier à la main. Je descendis comme une flèche. L'on me demandait ; cette voiture était bien pour moi. Elle était attelée d'un joli cheval bai. Le harnais était marqué à mon chiffre. Sur le panneau de la portière, une petite jarretière entourait mes initiales avec cette devise : *Forget ne not*. Le coupé était peint en gros bleu : l'intérieur garni en soie de même couleur. J'en fis dix fois le tour, je montai dedans d'un côté, je descendais de l'autre, je touchais les garnitures d'ivoire, j'ouvrais et fermais les glaces, je regardais les passants d'un air triomphant. Dans ma pensée je leur disais : « Hein !

qu'en dites-vous ? » Ma joie s'arrêta court devant une réflexion : je ne pouvais monter tout cela dans ma chambre, où allais-je le mettre ?

Tout avait été prévu. Robert avait loué écurie et remise rue Rougemont. Le cocher, habillé à l'anglaise, avait reçu l'ordre d'arriver à quatre heures, heure de la promenade. Je montai vite chez moi m'habiller. Dans mon trouble, je mis une robe verte, un châle rouge, un chapeau jaune; je devais avoir l'air d'un perroquet. Les deux heures que durent la promenade au bois me parurent bien courtes ; tout le monde poussait des *oh!* et des *ah!* en me voyant. J'étais enchantée. Si ceux qui me regardaient ont compris le mouvement de mes lèvres, je leur disais : « Elle est à moi, ce n'est pas une voiture de louage. »

Ayant épuisé tous les regards des promeneurs, je rentrai chez moi. Arrivée au coin du boulevard de la Madeleine, j'aperçus Richard. Oh! misérable frivolité de la femme enchantée de son nouveau hochet ! mon premier mouvement fut un mouvement d'orgueil.

J'étais ravie qu'il m'eût vue. Je le saluai et l'appelai d'un signe.

Mais ma voiture ne parut pas lui faire autant de plaisir qu'à moi. Il s'éloigna d'un air maussade.

Rentrée à la maison, je m'habillai d'une façon

moins voyante, et me résignai à aller, *à pied*, faire une visite à Richard.

Au lieu de me complimenter sur la beauté de mon équipage, il me dit froidement : — Combien vous a-t-on fait de rentes pour entretenir ce train de maison ?

Je me grattai le front sans répondre ; il avait raison. c'était une lourde charge. Mais comme je voulais être heureuse, sans inquiétude, je fis la grimace en lui disant : — Je pars demain pour Giscars : je vais voir ma petite filleule.

XXXVII

LONDRES.

J'arrivai chez la nourrice sans qu'elle fût prévenue. J'entrai dans la maison et trouvai seule, dans un berceau, une pauvre petite créature, si pâle, si faible, qu'elle semblait sur le point de mourir; je reconnus sur elle les effets que j'avais achetés pour ma filleule. Je soulevai l'enfant : sa tête roulait sans force. La nourrice était aux champs. Elle rentra au bout d'une demi-heure. Je courus au-devant d'elle. — Êtes-vous folle de laisser ainsi seule cette enfant; vous n'en avez pas soin, elle est malade, ce n'est pas ce que vous m'aviez promis. Je vous paye pourtant plus que je ne vous dois ; s'il lui arrivait malheur, prenez garde à vous. La pauvre petite ne demandait qu'à vivre.

Cette femme me donna les plus mauvaises raisons. On habilla l'enfant qui commençait à me sourire ; je ne pouvais repartir que le soir, je passai donc la journée là.

Le mari était rentré quelques instants après sa femme, et semblait au moins aussi embarrassé qu'elle. Evidemment on me cachait quelque chose, la petite se mit à pleurer ; la nourrice la berça.

— Mais, lui dis-je, elle doit avoir faim.

— Ah! mon Dieu, madame, dit le mari, voilà ce qui nous gêne depuis que vous êtes là ; nous n'avons rien osé vous dire, mais l'enfant est sevrée parce que ma femme est grosse.

— Malheureuse! m'écriai-je en me levant hors de moi, je ne m'étonne plus de l'état où est ce pauvre ange ; vous l'avez empoisonné avec votre mauvais lait, et pour ne pas perdre l'argent que je vous envoie, vous finissez de la tuer; misérable que vous êtes! Voilà comment vous désolez tant de pauvres mères qui vous confient plus que leur vie, leur enfant; c'est affreux à penser ; je ne sais qui me retient de vous faire arrêter, car cet enfant n'a pas huit jours à vivre. Allez de suite me chercher un médecin.

Le médecin arriva au bout de quelques minutes ; je lui montrai l'enfant.

— Pauvre petite, elle a souffert, elle est si délicate. Elles sont toutes les mêmes, elles les sèvrent à trois ou quatre mois, et leur font manger de la soupe aux choux avec des pommes de terre, comme à leurs porcs; ils ont tous la pierre au bout de quinze jours. Celle-ci l'a aussi, mais vous pourrez peut-être la sauver avec des soins.

J'avais envie de battre cette vilaine femme qui m'avait indignement trompée. J'emmenai ma chère petite fille, et je revins à Paris en chemin de fer, un paquet d'un côté, une bouteille de lait de l'autre et ma filleule sur mes genoux.

J'avoue que j'étais un peu embarrassée. Je la gardai trois jours chez moi, et après l'avoir bien placée, je m'occupai de ma belle voiture.

Robert vint à Paris; ma vie de dissimulation allait recommencer et me faisait si peur que je pris un parti.

Je fus chez Richard et lui dis :

— Mon cher ami, je viens vous demander une preuve d'affection. M'aimez-vous assez pour me faire un sacrifice?

— Pouvez-vous en douter?

— Je n'en doute pas, mais j'en serai plus sûre si vous faites ce que je vais vous demander.

— De quoi s'agit-il !

— De mon repos. Robert est ici; je ne pourrais

vous voir qu'en tremblant ; il faut se cacher, se méfier des passants, je ne puis m'habituer à cette contrainte ; ce qui ramène toujours Robert, c'est votre présence, partez. Allez faire un petit voyage ; vous m'avez dit que vous aviez des affaires en Belgique. Partez de suite, allez à Bruxelles. Si Robert me quitte, ce qui ne peut tarder, j'irai vous retrouver.

— Je vous gêne, vous voulez vous débarrasser de moi ?

— Non, mon ami, mais je ne puis vivre ainsi ; partez, je vous écrirai tous les jours ; si vous restez, je ne vous verrai plus.

Après mille objections, il me promit de partir le lendemain.

Je pris congé de lui en le remerciant de tout mon cœur.

Robert avait repris son appartement rue Royale, son caractère était d'une inégalité extraordinaire ; un jour il me comblait de tendresse, un autre il me chassait, puis me demandait pardon et m'insultait de nouveau. A chaque raccommodement, c'étaient des dons superbes. Il venait de me donner une jolie calèche, doublée de gros bleu, qui lui appartenait, mais qu'il avait fait marquer à mon nom. Il me fit encore présent de deux beaux chevaux noirs que j'avais vus attelés à son phaéton, le jour où il était venu me voir pour la première fois rue Geoffroy-Marie.

J'avais un des plus beaux équipages des Champs-Élysées, j'étais couverte de bijoux, de cachemires, de dentelles ; pourtant je pleurais bien amèrement sous mon voile. Je ne pourrai jamais dire combien il me faisait souffrir par son caractère. Il passait sans transition de l'insolence à l'adoration. Mon cœur était un orage, ma vie un enfer. Comme j'étais loin du temps où je me disais : Un jour viendra où je dominerai complétement son caractère, où je faisais des plans de bonheur: Je vivais sans but, sans espérance. De courtes joies, de longs ennuis, un désespoir durable, voilà mon existence. Robert était aussi incapable de se détacher de moi que de me rendre heureuse. Il devenait fou de rage, quand il voyait qu'il ne pouvait chasser mon image de son cœur. Quelquefois, après un dîner où la colère, plus que le vin, lui avait monté au cerveau, il se croyait fort. Il voulait briser cette chaîne qui chaque jour se resserrait davantage. L'exaltation tombée, il revenait à mes pieds plus humble et plus passionné que jamais. Quand Richard était à Paris, sa présence le mettait en fureur. Quand Richard était absent, comme il n'avait plus rien à craindre, il était plus calme, mais il se contraignait moins et je ne gagnais rien au change. Heureusement qu'il se présenta une occasion de nous voir moins souvent et je la saisis avec avidité.

On me fit demander au théâtre pour une nouvelle pièce appelée *les Martyrs du Carnaval*. — Je me disais : « En me voyant moins, Robert m'aimera davantage... il deviendra plus doux. » Ce fut encore pis. — Le théâtre l'exaspérait, parce qu'on me faisait danser dans toutes les pièces.

J'arrivais souvent les yeux bien rouges!... les pauvres figurantes qui gagnaient vingt-cinq francs par mois étaient plus heureuses que moi.

L'absence de Richard lui était toujours favorable dans mon cœur. Lorsqu'il était à Paris, je ne m'occupais guère de lui. Il m'avait habituée à le croire trop payé d'un sourire. Quand il n'était plus là, ma pensée se reportait vers lui avec plaisir, avec reconnaissance. Ce n'était pas de l'amour, c'était de l'attendrissement. Son souvenir profitait de toutes les réactions que me causaient les violences de Robert. Et puis, Richard m'écrivait des lettres si tendres, si affectueuses. Le moyen de résister à une plainte si doucement exprimée!

« Bruxelles, 30 juin.

» Chère Céleste, vous m'avez ordonné de partir, votre repos en dépendait, et je suis parti. J'avais peine à contenir mes larmes... Vous, au contraire, vous aviez le visage riant et l'air heureuse — J'étais seul dans un des wagons du chemin de fer... j'ai pleuré comme un enfant! Mais quand je pense à ma position, j'ai le cœur rempli de tristesse!... Je vous aime et vous ne m'aimez pas. J'en ai la malheureuse conviction! Vous plaignez les autres, et pour moi vous êtes sans pitié! Vous ne m'avez pas demandé ce que je deviendrais, seul à seul avec mon désespoir! Non, cela vous importe peu. Je crois que vous ne savez pas encore à quel point je vous aime!... Moi-même je l'ignorais!..... Tant qu'on est heureux, on se laisse aller au bonheur. C'est à peine si on en sent le prix... Mais vient-on à le perdre, alors on n'a plus assez de larmes dans les yeux pour pleurer ce qu'on a perdu. Si cet éloignement durait encore quelques jours, je n'y survivrais pas; je saurais mettre un terme à mon martyre, à cette rage concentrée qui me brûle et m'étouffe; oui, Céleste, je mourrai pour vous, mais en mourant ma bouche n'aura que des paroles d'amour et d'adoration. Alors je vous laisserai plus heureuse avec d'autres amours. — Serez-vous donc inexorable pour moi?... N'aurez-vous donc jamais un mot de consolation à me dire?... J'ai une fièvre ardente... On me donne du quinine..... Cela ne me fera rien!... Rappelez-moi et je serai guéri ! Je ferme les yeux et je me figure être près de vous ! — Je suis bien heureux alors, mais ce n'est qu'un éclair de bonheur qui s'évanouit aussi vite qu'il est venu. Qu'ai-je fait pour être aimé de vous ? Rien, absolument rien, car je ne puis compter pour quelque chose la folle passion que j'ai pour vous, passion qui, je le sens bien, fera le malheur de ma vie, et ne finira qu'avec elle... Cette lettre va vous ennuyer... Elle contient ce qu'elles contiennent toutes, l'expression de mon amour !..... Les vôtres aussi sont les mêmes !... Toujours la froideur, l'indifférence !... Pourquoi ne me mentez-vous pas ; il est si doux d'être trompé !... On croit si facilement quand on est malheureux ! Il me semble que quand on est aimé comme je vous aime, on devrait au moins un peu de pitié à celui qu'on fait tant souffrir ! J'ai lu mieux que vous dans votre cœur !... Vous croyez haïr cet homme... vous l'aimez plus que jamais !

» Je reçois une lettre de vous... — Vous me rendez une liberté qui m'est odieuse, et vous m'ôtez tout espoir de rapprochement !... Ah ! ne craignez rien, je ne vous ferai aucun reproche. D'ailleurs, je n'en ai pas le droit, et mon amour pour vous est trop grand pour que je ne baise pas encore la main qui me frappe. Vous pouvez briser mon cœur, mais vous ne tuerez jamais mon amour !... Je vais à Spa... J'ai besoin de me distraire... les émotions du jeu me donneront peut-être un moment d'oubli ! Un mot de vous, un signe ! et je serai à vos pieds !... — Je vous attendrai toujours...

» Richard. »

Cette lettre était trop bonne. Pauvre Richard ! je me reprochais d'avoir fait son malheur..... mais il était jeune, et, j'espérais, l'absence le ferait oublier.

En même temps que les *Martyrs du Carnaval*, on répétait, aux Folies, une pièce appelée *Blanche et Blanchette*. — Dans le rôle d'amoureux, débutait un jeune homme brun, mince, joli garçon, quoique d'une grande pâleur. Il s'appelait Alexis Didier. D'abord je n'y pris pas garde, mais on contait des histoires si extraordinaires sur son compte, que je le regardai plus souvent. Je cherchais les occasions de lui parler, de l'écouter !... je ne croyais pas au magnétisme, et je riais au nez des conteurs.

Didier est ce même somnambule que M. Dumas a étudié si longtemps... Il y avait des séances chez lui... tout le monde y était allé, et en était sorti convaincu de sa lucidité !... On m'avait offert de m'y conduire : j'avais refusé, parce que je n'avais aucune confiance. On me dénonça à Didier comme une incrédule incorruptible. Il venait à moi, nous causions souvent ensemble... Quand sa causerie dépassait dix minutes, je me sentais fatiguée, engourdie!... Quand il me prenait la main, il me fallait un effort pour la retirer.

— Laissez-moi donc, Didier, on va dire que vous me faites la cour!... Il me répondait sans ôter ses yeux de dessus les miens :

— Laissez-les dire!

— Mais non, je ne peux pas!... et je me sauvais, pas pour longtemps. Quand j'avais fait quelques tours, je revenais à lui... il se mettait à rire et disait : — Vous voyez bien que c'est vous qui me cherchez!... — Je répondais oui, et je ne bougeais pas de place. Je trouvais cela stupide; je me promettais, le lendemain, aussitôt ma pièce répétée, de quitter le théâtre, car tout le monde riait de moi!... Bien sûr, on devait me croire amoureuse de Didier; pourtant je n'y songeais pas.

Quand on jouait les deux pièces, la mienne passait en premier ; il n'arrivait donc qu'après moi au théâtre. Je disais aux personnes qui étaient dans ma loge : — Tiens! voilà Didier qui arrive!

— Non, me répondait-on, sa loge est fermée!

— Je vous dis qu'il arrive, je l'entends bien... Et en effet, il était au foyer ou sur la scène.

Un soir, au théâtre, je reçus un mot ; il était de Richard.

« Il faut, me disait-il, que je vous voie demain... Venez chez moi, ou je vais chez vous ! »

Son retour m'était on ne peut plus désagréable, mais je ne pouvais m'exposer à le laisser venir chez moi. J'allai le trouver.

Il était changé... il paraissait fatigué... il me fit asseoir et me dit :

— Je suis revenu, quoique vous ne m'ayez pas rappelé, ce à quoi vous ne pensiez guère !... mais je ne puis vivre sans vous ! Écoutez-moi bien, Céleste, vous allez voir jusqu'à quel point cet amour tient à ma vie ! J'ai bien réfléchi, voilà ce que je vous offre : un avenir heureux, honnête, qui vous aidera à oublier un passé dont je ne vous parlerai jamais ! Je vous donnerai quarante mille francs !... nous partirons de suite en Angleterre, où je vous épouserai facilement, car je suis Anglais et n'ai pas de parents !... Ecoutez-moi jusqu'à la fin... vous n'avez pas le droit de me refuser, car vous avez fait le mal, vous devez le réparer, fût-ce même par un sacrifice. Ce n'est pas moi qui suis allé vous chercher, c'est vous qui êtes venue à moi !... Je ne vous regardais pas, vous m'avez fait tourner la tête de votre côté...

c'est un jeu qui m'a coûté cher, qui me coûtera la vie si vous me refusez.

Je ne savais que répondre. — Ce qu'il me disait était vrai... je cachai ma figure dans mes mains pour pleurer...

— Je ne puis accepter ce que vous m'offrez!... c'est de la folie, vous n'y avez pas réfléchi!...

— Pardon, me dit-il, si bien et si longtemps, qu'il me faut votre réponse de suite.

— Mais c'est impossible!...

Il se leva comme un fou... j'eus peur, je l'attirai près de moi et lui dis :

— Voyons, mon ami, soyez raisonnable!... J'étais si loin de m'attendre à ce que vous me dites, que j'en suis étourdie... donnez-moi le temps de me remettre... Et puis, êtes-vous sûr que cela puisse s'accomplir à Londres?... Allez-y deux ou trois jours, vous reviendrez me chercher quand je vous aurai écrit.

— Vous me trompez, Céleste, vous ne m'écrirez pas!

— Je vous jure que je vous écrirai.

— Je vous crois, et je pars ce soir.

Il était heureux... moi je revins triste. Je lui écrivis, mais pour le faire renoncer à cette folle idée.

A quelques jours de là, je déjeunais chez Robert, rue Royale, avec un de ses amis. Au milieu du repas, il me chercha querelle comme à l'ordinaire... cela commença pour un rien, et, comme à l'ordinaire encore, cela finit par un violent orage.

— Une fois pour toutes, lui dis-je, que me reprochez-vous?

— Ce que je vous reproche, c'est d'avoir empoisonné mon cœur d'un amour qui rougit d'avoir pour idole Mogador! — Je vous hais parce que... je vous hais, enfin, parce que je vous aime.

Il passa dans sa chambre et me laissa avec son ami, qui me dit:

— Mais il est fou!

— Oui, et d'une méchante folie. Il vaudrait mieux se quitter que de vivre comme cela. — Voilà pourtant ce que j'ai refusé pour lui... Et je lui contai ce que Richard m'avait offert.

— Si c'est vrai, me dit-il d'un air de doute, vous avez eu bien tort de refuser, dans votre intérêt et dans celui de Robert, car il se ruine! Il faut absolument qu'il se marie.

— Vous savez bien qu'il a essayé cent fois et que cela a toujours manqué...

— Parce qu'il vous savait là, et qu'il n'y a jamais pensé sérieusement. Il ne pouvait manquer de réussir s'il l'eût désiré, avec son nom, son esprit et sa fortune. Si vous étiez partie, mariée, et qu'il n'eût plus d'espoir, vous verriez qu'il en finirait.

Robert rentra, il regrettait sa mauvaise humeur et faisait son possible pour me la faire oublier ; mais quand mes yeux étaient mouillés de larmes, ces larmes séchaient lentement.

Je reçus une lettre de Richard. Malgré ce que je lui avais écrit, il me répétait les mêmes offres, en me suppliant d'accepter.

Cette proposition était trop sérieuse pour y répondre sans réfléchir, car il ne s'agissait pas seulement de mon bonheur, mais encore du sien !

Le théâtre m'ennuyait !... Il faut, pour être acteur, une vie régulière. — Il est difficile d'être gaie en scène, de chanter, de danser, de faire rire les autres, quand le cœur est triste.

Didier continuait, pour convaincre mon incrédulité, à exercer sur moi une influence magnétique qui me fatiguait !... Quelquefois je me fâchais ; il me disait en riant : Commencez-vous à croire ? — Je répondais : Non ! pour ne pas céder ; car je ne pouvais me dissimuler qu'il se passait en moi quelque chose d'extraordinaire. Il augmenta, par je ne sais quels moyens, son influence. Je le suivais pas à pas dans le théâtre... je savais presque toujours où il était, sans le voir. Cela m'inquiétait, m'irritait. Bien que cela ne fût qu'une plaisanterie, je commençais à trouver qu'elle durait trop longtemps.

Un jour que Robert avait Montji à dîner, il me querella encore. Je n'avais jamais été patiente... Ce jour-là, moins que les autres, j'étais disposée à l'être. La scène devint si terrible, que mon secret m'échappa.

— Après tout, mon cher ami, croyez-vous que j'aie besoin de vous? Croyez-vous qu'en sortant, derrière le seuil de votre porte, je ne trouverai pas un ami qui me tendra la main? Mais... je n'aurais pas d'asile, je ne saurais où manger, que je ne resterais pas avec vous, si vous devez continuer à me traiter de la sorte! Si vous ne m'aimez plus, ou si vous êtes furieux de trop m'aimer, je n'en suis pas cause, et vous n'avez pas le droit de me rendre la vie dure comme vous le faites! — Pourquoi, quand vous m'avez renvoyée, venez-vous me rechercher?...Votre caractère est une raquette, mon bonheur est le volant... je ne veux plus vivre comme cela. Ecoutez ce que je vais vous dire : je dois écrire demain le parti que j'ai pris; votre réponse va dicter la mienne! je vous aime encore : la preuve, c'est que je suis ici!... On m'a offert de m'épouser et de me donner quarante mille francs de suite, si je voulais vous quitter. J'aurais voulu ne jamais vous le dire, mais, avant de prendre une résolution, je veux que vous me donniez votre parole d'honneur de ne plus me traiter comme vous le faites depuis quelque temps. Cette vie est un enfer! mieux vaut nous quitter pour toujours...

— Bravo! dit-il en riant aux éclats, la comédie est bien jouée, la scène de chantage bien inventée; mais, ma chère enfant, je ne suis pas votre dupe. Qui donc vous donne d'aussi bonnes leçons?

Ah! on veut vous épouser... On vous offre de l'argent pour me quitter, et vous venez me le dire pour que je vous garde au même prix!... Eh bien! voilà ma réponse : Si ce que vous dites est vrai, je vous engage à accepter. D'abord mon intention n'est pas de vous garder longtemps, et puis, quand même, je ne vous saurais aucun gré d'un sacrifice auquel je ne crois pas!...

Etre soupçonnée d'un pareil stratagème me parut plus odieux que tout le reste...

Je sortis exaspérée, jurant de ne plus le revoir, et bien décidée à partir. J'allai au théâtre, je suppliai M. Mouriez de me donner la permission de m'absenter quelque temps. Il me l'accorda.

Je rentrai chez moi ;

On me remit cette lettre de Robert.

« Quand on aime une femme indigne de soi et qu'on se sent trop faible pour la quitter, on se fait sourd et aveugle, c'est ce que j'aurais dû faire. On ne crée pas ce que Dieu lui-même serait impuissant à recréer. Le cœur d'une fille comme vous ressemble à une hôtellerie mal famée. Le passant honnête, qui s'y aventure par hasard, attire sur lui toutes les railleries des hôtes ordinaires. Quand un bon sentiment nous vient au cœur, les mauvaises passions, maîtresses du logis, l'en chassent bien vite. Vous dites que je ne vous ai pas aimée, mais l'amour que j'ai eu pour vous est ma seule excuse ; si je ne vous avais pas aimée, je serais le dernier des misérables. Votre semblant d'amour, à vous, a commencé par une caresse et finit par un chiffre. Je ne suis pas assez riche. Vous êtes libre.

» ROBERT. »

Je prenais la plume pour écrire à Richard. Ma femme de chambre l'annonça. L'impatience l'avait ramené.

Je poussai un cri de joie. Il me demanda ma réponse, — je lui dis : Quand partons-nous ?...

— Demain soir, si vous voulez. — Il vous faut le consentement de votre mère, et je désire que vous placiez cet argent avant notre départ. — Il posa sur ma toilette un portefeuille que je lui rendis.

— Non : je ne veux pas de cet argent ; plus tard, nous verrons.

— Je veux que vous le placiez avant de quitter Paris... Ce n'est pas une grande fortune, mais cela vous aidera à élever votre petite fille ! Quoi qu'il arrive, ces quarante mille francs sont à vous.

J'étais confuse de tant de générosité ! J'allais peut-être refuser encore, quand je songeai à ces paroles de Robert : *Si c'était vrai, vous ne me le diriez pas !* Je pris le portefeuille, et le montrant dans ma pensée à Robert, je lui disais : *Vous voyez bien que je ne mentais pas.*

Tout fut prêt le lendemain soir ; le consentement donné, l'argent placé. Nous partîmes. Je recommandai de m'envoyer mes lettres poste restante.

Je faillis me trouver mal quand le chemin de fer m'emporta. Je cherchai vainement à entourer de mes pensées celui qui faisait tout pour moi, celui qui allait me donner son nom. Mon cœur rebelle saignait en pensant qu'il s'éloignait de Robert. Je me faisais honte à moi-même. Ma volonté était impuissante ; je pouvais diriger mon corps, non mon amour.

Richard me demanda si j'étais heureuse... je ne répondis rien pour ne pas mentir.

Une fois embarquée, j'eus plus de liberté; je pus pleurer. Nous eûmes une très-mauvaise traversée.

Richard était presque sans connaissance, tant il souffrait! Deux personnes, sur peut-être trois cents, tinrent tête à l'orage et restèrent debout. Je m'étais appuyée à une espèce de mât. Les bras croisés, je regardais les vagues furieuses, qui me semblaient courir après notre embarcation pour l'engloutir.

Je les attendais; j'étais prête à me laisser emporter par elles.

Quand le jour parut, j'appris que nous avions couru un véritable danger... Nous nous étions perdus. Les voyageurs n'avaient pas figure humaine... Un surtout, M. Eugène Crémieux, marchand de chevaux, que je reconnus pour être un des fournisseurs de Robert, était effrayant sous l'influence du mal de mer. J'avais remarqué, sur l'avant du bâtiment, un grand monsieur qui, pendant la bourrasque, n'avait cessé de fumer son cigare. Je demandai son nom à Richard qui venait de le saluer.

— C'est le prince de Syracuse.

— Eh bien! dis-je, il a le pied marin.

Arrivés à Londres, nous louâmes un grand appartement.

Dès ma première promenade, je pris cette ville en horreur. Le brouillard interceptait le jour, et ne s'ouvrait que pour laisser passer une neige noire qui tachait mon chapeau blanc et me mouchetait la figure. Je rentrai furieuse. Je voulus me laver avec de l'eau et du savon; j'avais l'air d'un ramoneur. Cela s'était étendu. La maîtresse de la maison, qui était très-aimable et qui parlait français, me dit : —Madame ne connaît pas Londres... Il ne faut pas sortir avec des couleurs claires dans cette saison, et toujours avoir le soin de mettre un voile de gaze verte. Je la remerciai, me promettant de ne pas suivre son conseil. Je n'avait pas assez de courage pour m'habiller à l'anglaise.

Je venais de trouver le moyen de détacher ma figure avec du coldcream. Je ne sortis plus qu'en voiture. Je visitai tous les monuments. Une chose m'étonna : il fallait payer à toutes les portes pour entrer et pour sortir, donner je ne sais combien de shellings pour voir quelques bijoux dans une cage de verre. Je me disais que si les Français étaient comme cela, les étrangers ne seraient pas assez riches pour tout voir. Je trouvais cette rançon de mauvais goût. Ayant plus beau dans mon pays, je ne visitai plus rien; j'étais triste, je m'ennuyais. — Richard ne savait qu'inventer pour me distraire ; il m'achetait tout ce que j'avais regardé.

Le salon de notre appartement devint un magasin de robes, de dentelles, de bijouteries.

Il avait tout disposé pour notre mariage. Le moment approchait, non sans me faire grand'peur, car je doutais de moi, de ma résolution. Ce fut bien pis après avoir été à la poste, où je trouvai une lettre de Robert. Il avait gagné ma femme de chambre, et malgré ma défense, elle lui avait dit où j'étais et comment il pourrait m'écrire. Je cachai cette lettre, car Richard m'attendait et je n'osais la lire devant lui. Enfin il sortit ; je brisai le cachet avec un battement de cœur... Voici ce qu'il m'écrivait :

« Si vous recevez encore une lettre de moi, ne croyez pas que j'espère un rapprochement entre nous. Vous m'avez vu assez faible, c'est que j'espérais ; mais aujourd'hui, à quoi puis-je croire ? Je croyais, avant le jour où vous m'avez manqué ; depuis, je n'ai plus cru à rien. Vous êtes restée dans le vrai, le plaisir, le nouveau, le profit et une garantie pour l'avenir. Moi qui ne vivais que par le cœur et l'imagination... j'ai cherché à rompre... Je m'étais fait un faux courage... Vous m'avez abandonné, tout m'a manqué. Il y a aujourd'hui une barrière que je ne franchirai jamais. Avec vous, Céleste, je n'ai eu que souffrance! j'ai souffert pour le passé, j'ai souffert pour le présent, je souffrirai toute ma vie. Si vous épousez cet homme, c'est une grande folie!... Une fois le caprice passé, il n'y aura plus pour vous que reproche et amertume. La tête est tout chez lui, le cœur n'y est pour rien. Si mes conseils peuvent être de quelque poids dans votre conduite, je serai heureux de vous rendre en bonheur tout ce que je souffre depuis votre départ auquel je n'ai pas cru jusqu'à ce que j'en aie eu la preuve matérielle. Je cherche partout une distraction que je ne trouve nulle part; je n'ai pas le courage de la chercher jusqu'au bout. La femme n'existe pour moi qu'en vous... J'ai lutté contre l'impossible... pourquoi vous en voudrais-je?... N'ai-je pas eu de vous tout ce qu'on pouvait en avoir? Cet homme sera-t-il plus heureux de vos caresses que je ne l'ai été? En aura-t-il de plus tendres? Cela n'est pas possible!... Une fois son imagination assouvie, que lui restera-t-il?... Rien! — Je serai vengé de lui, car il ne souffrira pas plus que je ne souffre.

» Vous m'avez reproché des lettres et des paroles inspirées par la colère; elles vous ont froissée parce que vous n'avez pas su y trouver tout ce qu'elles contenaient de passion et de désespoir. La femme qui aime n'a d'autre moyen de prouver son amour que par son dévouement, son abnégation ; elle voudrait être la dernière du monde entier, pour devoir tout à celui qu'elle aime et en être fière. Vous avez été ainsi quand vous m'aimiez.... quand vous ne m'avez plus aimé, je vous ai humiliée, cela devait être.

» Pardonnez-moi de venir vous troubler au milieu de vos joies et de vos plaisirs. Si ma lettre vous ramène à quelque sentiment triste, vous trouverez immédiatement une consolation dans le baiser que vous donnerez ou dans celui que vous recevrez.

» Adieu.

» ROBERT. »

Après cette lecture, je pleurai ; pourtant j'étais heureuse; sa lettre me prouvait qu'il m'aimait encore.

Richard rentra.... Je faillis perdre la tête, car je venais de faire un projet de départ. Je ne pensais plus à lui.

Les formalités à remplir pour notre mariage étaient finies; le temps à attendre par des dispenses acheté.

Richard me dit : — Allons, Céleste, c'est aujourd'hui que vous serez ma femme, c'est la plus grande preuve d'amour que je puisse vous donner. Rendez-moi heureux, et c'est moi qui vous serai reconnaissant.

Il m'avait commandé à Londres une toilette complète.... je m'habillai machinalement... je n'osais rien dire... je ne voulais pas me marier, et je ne savais comment lui faire comprendre que que nous allions tous deux à notre perte.

J'avais une robe de brocart gris-perle, un châle de dentelle noire, un chapeau blanc.

— Cette toilette est de demi-deuil, lui dis-je, c'est horriblement triste !

Il mit sur mon chapeau un magnifique voile qui avait été fait pour la reine et qu'il avait acheté la veille.

Je me laissai conduire....., mais quand la voiture s'arrêta, la pensée, la vie me revinrent.

— Non, non, dis-je au cocher, n'arrêtez pas, marchez !... Richard, dites-lui de dépasser cette porte, il faut que je vous parle.

Je m'enfonçai dans la voiture, et me tins au coussin comme si l'on eût voulu m'en faire descendre par la force.

Il donna ordre de retourner à l'hôtel. Il ne me dit pas un mot pendant la route... je n'osais lever les yeux sur lui. Rendus à notre appartement, il me montra un fauteuil, prit une chaise et me dit :

— Voyons, Céleste, qu'avez-vous à me dire?

Il me disait cela si doucement, il me regardait d'un air si bon, que je ne sus que répondre... mon voile moitié baissé cachait ma rougeur... je tremblais, mes dents claquaient.

— Dites-moi ce qui vous est arrivé? — vous ne répondez pas!... je vais vous le dire. Vous venez d'avoir peur de ce que vous alliez me promettre... Vous ne m'aimez pas, vous n'avez pas le courage de me donner votre vie tout entière. Il n'y aurait pas dans ce refus de quoi vous en vouloir, c'est de l'honnêteté... une autre aurait pris mon nom et l'aurait traîné dans la boue. Je vous l'offrais avec confiance dans l'avenir, vous ne voulez pas, vous ne m'aimez pas, vous ne m'aimerez jamais; je tuerai mon amour ou il me tuera !

Il cacha sa figure dans ses mains pour pleurer. Je me jetai à ses genoux, je lui demandai pardon du mal que je lui faisais. — Tenez, Richard, n'ayez que du mépris pour moi, je suis indigne d'un amour comme le vôtre... chassez-moi, je suis une misérable... mais je souffre!... ce n'est pas ma faute... ayez pitié de moi, ne m'accablez pas de vos reproches, je ne pourrais pas les supporter ! Oh! j'étouffe ! ma vue se trouble... je me sens mourir.

Je perdis connaissance.

Quand je revins à moi, j'étais dans un fauteuil... on m'avait déshabillée... la maîtresse de la maison me mettait une robe de chambre... j'allais demander ce qui s'était passé... Richard me fit signe de me taire.

Quand nous fûmes seuls, il me prit la main et me dit : — L'air de Londres vous fait mal, Céleste, nous partirons demain. Il resta quelque temps sans me parler, puis, me regardant avec colère, il reprit : — Comme vous l'aimez, cet homme !

Le reste du temps se passa dans le silence. Nous partîmes le lendemain avec des émotions bien différentes au cœur.

Arrivé à Paris, il descendit dans un hôtel, cité Bergère, car il avait fait vendre son appartement pendant notre absence.

Robert sut bien vite mon retour... il m'écrivit plusieurs lettres que je laissai sans réponse. Je ne m'appartenais pas... la reconnaissance me faisait un devoir de rester auprès de Richard... je ne voulais pas sortir avec lui, pour éviter une rencontre qui, je le savais, aurait eu des suites terribles.

Je reçus une nouvelle lettre de Robert.

« **Je te pardonne tout le mal que tu me fais.**

Quoi !... quand je te dis que je t'aime, que je souffre, tu ne trouves pas dans ton cœur l'écho d'un souvenir ! C'est mal, Céleste, d'être ingrate. Tu ne m'as pas pardonné un moment de vivacité, tu m'as reproché de ne plus t'aimer... peux-tu être injuste à ce point... Le jour où tu ne m'as plus aimé, tu as eu assez de pitié pour moi pour me le cacher, pour me mentir jusqu'au jour où tu as cru m'avoir assez payé l'amour que j'avais pour toi. Merci, mon enfant... pourquoi n'avoir pas fait durer mon rêve quelques heures de plus ? Il était si doux pour moi; si tu savais pourtant comme, dans un baiser, je te donnais d'amour, de tendresse, de passion ! comme ces baisers venaient de loin, du fond de mon cœur ! Que n'ont-ils versé sur le tien un peu de ce feu qui me brûle ? Oh ! tu ne m'aimes plus aujourd'hui, tu ne me comprends pas... c'est donc fini, je ne te verrai plus... je vais partir, aller bien loin !... Pourquoi montrer mes larmes ? On en rit, et tout cela te ferait pitié, voilà tout. Oh ! reviens à moi, je te demande pardon de tout ce qui a pu t'offenser, je ne le pensais pas. Viens me voir au moins pour me dire adieu, je ne t'ai jamais fait de mal. Ne m'abandonne pas ainsi, je t'aime... reviens, et tu auras plus que tu n'as pu rêver ! Je ne puis vivre sans toi... Viens, viens, c'est mon cœur qui t'appelle. Je suis malade dans mon lit... Refuseriez-vous un peu de pitié à un homme dont le seul crime est de vous avoir trop aimée... le laisseriez-vous mourir sans un mot de consolation!... Non, je connais votre cœur, vous viendrez, je vous attends!... »

Le lendemain, il y avait des courses au Champ-de-Mars... Je fis atteler ma calèche pour y aller. En descendant, je trouvai des roses plein ma voiture... Je pensais que c'était une galanterie de Richard et je partis en emportant un petit mot que je voulais mettre moi-même chez Robert, et où je lui disais :

« Vous m'aimez aujourd'hui, parce que je suis à un autre ; s'il n'était plus là, vous ne vous baisseriez pas pour me ramasser à terre. Je vous ai bien prévenu ! Avant de prendre un parti, mon cœur a crié ! Vous savez bien que je vous aime, et vous m'avez plaisantée, raillée. Je suis partie... Vous m'avez écrit des injures... j'ai tout supporté, sans vous faire un reproche!... j'avais le cœur gros. Je vous quitte, je vais aux courses. Il faut bien que je jouisse de mon luxe, de mes succès ! J'ai fait le malheur de trois personnes; on va m'admirer... je suis à la hauteur de ces femmes que je méprisais. Des chevaux, des voitures, avec cela, on n'a plus besoin de son cœur... la vie est un pont qui traverse l'âme. Au commencement, il y a l'amour ; à l'autre bout, l'ambition, l'orgueil.

» J'ai commencé avec vous par le premier ; vous m'avez poussée, je suis sortie par l'autre. C'est votre ouvrage. Tous les reproches que vous me faites, je les jette sur vous... mon cœur n'est-il pas une hôtellerie mal famée !... Je vous en chasse pour vous éviter d'être en si mauvaise compagnie.

» CÉLESTE. »

Je donnai cette lettre à un commissionnaire... Je doutais trop de mon courage pour la remettre moi-même.

XXXVIII

Le lendemain, à dix heures, le médecin qui m'avait soignée place de la Madeleine, et que Robert avait gardé, demanda à me parler. On le fit entrer dans ma chambre.

Après m'avoir saluée assez froidement, il me dit :

— Si étrange que vous semble ma démarche près de vous, soyez persuadée, mademoiselle, que je viens de moi-même ; je sors de chez M. le comte de ***. C'est la quatrième visite que je lui fais depuis hier six heures. Je l'ai soigné deux fois ; il a eu une attaque très-violente, le sang l'étouffe, il a le délire. Son valet de chambre m'a dit que cette nuit il avait ordonné vingt fois qu'on vînt vous chercher ; on n'a pas osé le faire. Je viens vous prier d'y aller, ne fût-ce qu'une heure. Il a du chagrin, c'est le plus grand de son mal. Je ne sais quelle est votre position vis-à-vis l'un de l'autre, mais je n'ai pas hésité, me rappelant que sur un mot de moi, il vous avait emmenée chez lui, à la campagne, vous voyant dangereusement malade.

Mon cœur avait cessé de battre.

Je ne pris pas le temps de répondre, je pris un châle, un chapeau, et je dis au docteur : — Partons! je suis prête.

Quand j'arrivai chez lui, rue Royale, je fus effrayée; les domestiques couraient de droite et de gauche; Robert venait d'avoir un accès terrible, on m'engagea à ne pas entrer dans la crainte que ma vue ne lui fît mal. Je n'écoutai rien et j'entrai dans sa chambre. Il était bien changé ; ses joues étaient pâles, ses yeux brillants comme des éclairs. Je m'approchai de son lit; il me regarda deux ou trois minutes; puis, comme sortant d'un rêve, il se pencha hors de son lit, et me saisissant le poignet, il me dit:

— Oh! c'est vous; venez plus près, que je voie comment est faite la figure d'une femme qui peut causer tant de douleurs. Votre baiser, c'est celui du serpent, il empoisonne! Les goules boivent le sang, vous, vous dévorez le cœur, vous le déchirez avec vos ongles, et, quand votre victime est à l'agonie, vous apparaissez, non pour lui porter secours, mais pour jouir de votre œuvre de destruction! Qui donc vous amène? C'est l'enfer qui vous envoie! Mais je ne suis pas mort; j'ai encore assez de force pour vous écraser comme une vipère! Il me serrait le poignet à me le briser; je n'osais dire un mot, faire un mouvement; il était fou! Il se mit à rire et me dit : — Tu pâlis, tu as peur. Le charme est tombé; je te vois telle que tu es. Par quelle magie m'as-tu donc séduit, fille de Satan? C'est du feu que tu as mis dans mes veines; maintenant tout est dans ma tête.

Il me lâcha pour porter ses deux mains à son front. Sa chemise se tacha d'un sang noir; la saignée qu'on lui avait faite venait de se rouvrir. Je sonnai, le médecin lui rebanda le bras après l'avoir laissé saigner, et m'assura que c'était une bonne chose.

En effet, Robert me parut plus calme et me dit, comme s'il me voyait seulement:

— Ah! te voilà; tu as bien fait de venir. Il y a si longtemps que je t'attendais. Je vais me lever; je suis courbaturé. Tu vas rester près de moi, n'est-ce pas? J'ai besoin de te voir. Où étais-tu donc? Il me semble qu'il y a longtemps que je ne t'ai vue.

— Oui, lui dis-je, je vais rester près de vous, je ne vous quitterai plus.

J'ôtai mon châle et mon chapeau. Je me tins assise à la tête de son lit, sans oser respirer.

Il me parla de choses et d'autres, puis s'endormit.

Le médecin me dit en partant :

— Ne le quittez pas ; il est sanguin, il pourrait avoir de nouvelles crises, je viendrai demain de bonne heure. S'il y avait du nouveau, envoyez-moi chercher.

Une fois seule avec le silence et mon malade, je pensai à ma situation, à Richard que j'allais désoler ; mais je ne pouvais abandonner Robert dans un pareil moment. Je m'approchai d'une table où il y avait de quoi écrire et je commençai une lettre pour Richard :

« Mon ami, je suis indigne de votre amour ! C'est la tête bien basse que je vous demande pardon du mal que je vais encore vous faire. Oubliez-moi, je suis une ingrate, indigne de vous. Louise, ma femme de chambre, vous remettra cet argent que je ne puis garder. Ne cherchez pas à me voir. — Partez, s'il le faut, mais oubliez. — Robert est dangereusement malade, je suis près de son lit et ne sortirai de sa chambre que lorsqu'il sera hors de danger. Ne croyez pas que je sois tombée dans un piége et que je cherche à excuser ma conduite par un mensonge ; je ne suis pas prisonnière, les portes sont ouvertes. Je reste parce qu'il me semble que je remplis un devoir. Je vous ai connu trop tard, Richard, sans cela je vous aurais aimé comme vous méritez de l'être. — J'ai cru, en entrant ici, que Robert allait me tuer. Je regrette qu'il ne l'ait pas fait; ma vie est une des plaies du monde ; je fais souffrir ceux qui m'aiment et je suis malheureuse au milieu d'eux. Ne me maudissez pas, mon ami. Plaignez-moi. Je suis une mauvaise étoile, je porte malheur ! — J'ai au moins une consolation, c'est de ne jamais vous avoir menti. — Dans quelques années, je serai seule, abandonnée ; je me souviendrai alors de ce que j'ai perdu en vous, je verserai des larmes bien amères ; mais il sera trop tard, et vous serez vengé. Adieu ! Un peu de courage vous sauvera d'une vie de regrets. Pardonnez-moi !

» Céleste. »

Je fis venir ma femme de chambre, je lui remis cette lettre. Robert dormait toujours ; la sueur lui tombait du front ; il était agité. Il se réveilla tout à coup en m'appelant.

Je passai huit jours sans le quitter; j'avais défendu qu'on m'apportât aucune espèce de lettres ; je ne voulais pas qu'une seule plainte arrivât jusqu'à moi. Je sentais trop combien j'en méritais.

La maladie de Robert n'avait pas changé son caractère. Il se mettait en fureur contre moi sans motif, quelquefois il sonnait son domestique pour ne pas me demander sa tisane que j'avais près de moi. Il me disait de m'en aller, que ma présence lui faisait horreur. Comme je pleurais sans répondre, il me demandait pardon de ses emportements, m'embrassait les mains et me disait : — Je t'aime plus que ma vie ; si je ne te voyais plus, je deviendrais fou !

Sa nature robuste triompha du mal. Au bout de quelques jours, il était rétabli. Il me laissa aller chez moi, après m'avoir fait jurer de revenir de suite.

Je trouvai quatre lettres de Richard, la première contenait ceci :

« Pourquoi vous ai-je connu, Céleste? Je ne vous dirai ni injures, ni reproches, je laisse cela à cet homme que vous me préférez. Ce qu'il aime en vous, c'est moi. Quand j'aurai fui au bout du monde un tourment que je ne puis supporter, il vous quittera alors, sûr que je ne serai plus là toujours trop heureux de vous recevoir. Vous vous rappellerez mes paroles, vous penserez peut-être à moi. Souvenez-vous que je vous ai offert ma vie, mon nom, et que pas un amour ne peut se comparer au mien. Ce n'était pas assez de m'abandonner à mon désespoir, il faut encore que vous m'insultiez en m'offrant de reprendre de l'argent que j'ai été si heureux de vous offrir. Vous me le renverriez que je le donnerais aux malheureux. — Il y a un jour de votre passé que vous pouvez presque racheter avec cette somme ; gardez-la, c'est tout ce que je vous demande en partant. Je vais chez une de mes sœurs ; je n'ai plus la force de souffrir. J'ai passé quatre jours sous les fenêtres de la rue Royale, espérant toujours vous apercevoir derrière un rideau. — Ah qu'ils ont été longs ces jours ! J'aimerais mieux mourir que de les recommencer. »

Les autres lettres étaient dans le même genre, toujours douces et pleines de regrets.

Ma mère vint me voir.

Quand elle était délaissée d'un côté, elle se souvenait de moi. Elle me conta toutes ses peines. — Après lui avoir fait promettre qu'elle ne verrait plus Vincent, je lui promis que je lui achèterais un bureau de tabac ou un hôtel garni, espérant que ce serait une grande distraction pour elle. Elle trouva ce qui lui plaisait, et trois jours après, je l'établissais rue et hôtel Cléry.

Trois mois se passèrent.

Robert était horriblement triste; il était bon, mais il avait au fond du cœur une peine qui le dévorait. Mon voyage à Londres lui revenait sans cesse à l'esprit. Un chiffon, une parole le lui rappelaient. Alors il tombait dans des rêveries si tristes, que son sourire me faisait mal. Richard était toujours dans sa famille; je tremblais de le voir revenir, car c'eût été bien pis encore. Mes seules querelles avec Robert avaient pour objet les cadeaux qu'il ne cessait de me faire. S'essayant en vain de modérer ses dépenses, il était horriblement gêné, mais les marchands qui lui vendaient, ces usuriers habiles, lui renouvelaient à chaque échéance ses valeurs et lui doublaient en deux ans ses mémoires.

Un jour, un de ses parents vint me voir ; c'était un gros homme, très-spirituel. Quoiqu'il fît grand étalage de son intérêt pour Robert, il ne lui aurait pas donné vingt-cinq louis; mais il était prodigue... de conseils.

— Voyons, me dit-il, vous aimez Robert? Eh bien, vous ne le lui prouvez guère! Comment, vous le laissez se ruiner comme un niais! Conseillez-lui donc de se marier. Qu'est-ce que vous en ferez quand il n'aura plus un patard? Raisonnez-le un peu, il vous écoutera. Si ce malheur-là lui arrivait, je serais bien désolé, mais je ne lui donnerais pas un sou, j'ai des charges.

— Mon Dieu! lui dis-je, il n'en est pas là et ne vous demandera rien. Je lui ferai part de l'intérêt que vous lui portez et je tâcherai de lui faire comprendre vos bons avis.

J'ai toujours été bien folle, mais toutes les fois qu'on m'a fait entendre le langage de la raison, j'ai fait un grand effort pour l'écouter. Si cela n'a pas duré longtemps, c'est la faute de ma nature bien plus que celle de ma volonté.

Le soir je parlai à Robert de son avenir. Je lui disais :

— J'ai peur pour vous. Je suis plus raisonnable maintenant ; si vous vouliez vous marier, je ne me fâcherais pas avec vous ; je partirais de Paris, si ma présence vous gênait ; vous m'écririez de bonnes lettres, auxquelles je répondrais avec mon cœur. Nous passerions de ce grand amour à l'amitié qui dure toujours.

— Oui, me dit-il, vous avez raison, conduisez-moi, dictez ma conduite ; mais je veux vous voir, vous avoir près de moi dans l'avenir. Nous allons partir pour le Berry ; nous achèterons une petite maison où vous mettrez tout ce qui est à vous et qui se trouve chez moi à la campagne.

Ce fut convenu, et nous partîmes quelques jours plus tard. Nous trouvâmes une délicieuse maisonnette, dont le parc donnait dans la forêt. Impossible de chasser sans que j'entendisse le son du cor et les aboiements des chiens.

Ma présence dans le pays était d'un mauvais effet pour les nouveaux projets de Robert; il se chargea de tout arranger dans mon ermitage et je revins à Paris.

En arrivant, je fus voir ma mère. Elle n'avait rien trouvé de plus joli que de louer l'appartement du premier à M. Vincent. La colère me prit et je leur donnai congé à tous les deux. Je revendis l'hôtel presque de suite.

J'écrivais à Robert, qui s'ennuyait horriblement au Berry, mais qui y restait pour bien prouver au monde qu'il ne me voyait plus.

Je commençais à être heureuse dans ma solitude, parce que j'étais tranquille; mais il n'était pas dans ma destinée de me reposer des émotions : quand un ennui disparaissait, un autre revenait. Un jour, à quatre heures, on m'annonça M. Richard. Je restai clouée à mon fauteuil. J'aurais voulu ne pas le recevoir, pour éviter une explication qui m'était pénible. Il me donna la main et ne me fit pas un reproche.

— Ma chère Céleste, j'arrive. Croyez bien que je

me suis informé ; on m'a assuré que M. Robert était dans ses terres, et je me suis présenté chez vous, espérant que vous auriez toujours un peu d'amitié pour moi. Mais comme le cœur des femmes est un abîme dont on ne connaît jamais le fond, si j'ai trop espéré, je me retire.

J'en étais quitte pour la peur. Je m'attendais à une scène, et ce qu'il me disait n'était pas embarrassant du tout.

— Vous êtes et vous serez toujours le bienvenu. Je craignais vos reproches, et comme je sais que je les mérite, je ne voulais pas les entendre.

— Je ne vous en ferai plus; il n'y a pas de scène possible entre nous. Non, Céleste, je ne vous fatiguerai pas de plaintes qui vous irriteraient contre moi. J'attendrai ; je vous aimerai autant dans dix ans qu'aujourd'hui.

J'avais été bien gâtée, bien adulée, mais je ne pus m'empêcher de rire ; je ne croyais pas aux amours qui durent dix ans.

— Je ne vous demande rien que la permission de venir vous voir quelquefois.

— Mais certainement, tant que vous voudrez.

C'était bien imprudent, cela : en voici la preuve. J'écrivais toujours à Robert; je n'avais pas cru nécessaire de l'informer du retour de Richard ; je ne sais qui s'en chargea, ou bien il le devina.

Un jour, j'avais invité à dîner Maria. C'est un nouveau personnage, qui mérite que je vous fasse son portrait et que je vous raconte dans quelles circonstances je l'ai connu.

Maria est une grande femme, fort jolie de figure; mais elle a l'air dur et est extrêmement maigre. Je l'avais connue dans le temps où j'allais à Versailles.

Je la retrouvai à un bal à l'Odéon, bal donné par M. Lireux, directeur du théâtre à cette époque. Il était très-bon pour les femmes; il les rassemblait en masse, se promenait dans la salle de danse, faisait un choix et les emmenait souper dans le foyer des artistes. Je dois vous dire, pour mettre sa moralité à l'abri, qu'il n'y avait jamais moins de quarante personnes.

J'étais allée à ce bal masqué avec Marie la blonde; son amant lui avait donné rendez-vous; comme toujours, il avait manqué, et Monrose, que je connaissais un peu, m'avait engagée à souper avec les autres artistes. M. Lireux me reçut très-bien. J'avais un joli costume et je crois me rappeler qu'on me fit les honneurs de la soirée. Il y avait à ma droite une grosse fille, aux narines évasées, aux grands yeux à fleur de tête; c'était Clara Fontaine.

Elle regardait avec envie le costume de Maria.

Elle vivait dans le même monde. Il semble aux grisettes du quartier latin que tout doit être en commun; quand l'une est mieux mise que l'autre, la dernière prend sa revanche en méchancetés. Le souper était magnifique, on enfonçait des caisses de pâtés de foie gras, les truffes et le vin de Champagne étaient servis à profusion. Maria avait une attitude grave au milieu des têtes échauffées; elle mangeait avec précaution, car elle avait gardé ses gants. Clara, qui se croyait tout permis parce qu'on était en carnaval, lui dit de sa jolie voix pointue : — Pourquoi donc manges-tu avec les gants, est-ce que tu as la gale ?

La pauvre Maria devint pâle, puis pourpre, ne put rien répondre, les larmes lui vinrent aux yeux.

Je trouvai cela si méchant que, quoique je ne connusse Maria que de vue, je pris sa défense et je dis à Clara :

— Pourquoi donc lui demandez-vous si elle a la gale ? Est-ce que vous espérez la lui avoir donnée ?

— Moi ! dit-elle en poussant un cri hébété. Et elle posa ses deux larges mains sur la table pour montrer qu'il n'y avait aucune trace.

— Cachez donc cela, lui dis-je, ce n'est pas propre devant le monde.

Elle resta la bouche et les narines ouvertes, sans trouver un mot à me répondre.

Maria vint me remercier.

Lireux, Monrose et Bernard-Latte, qui étaient encore garçons, car ils se sont mariés depuis, je crois, me donnèrent raison, et Maria fut mon amie.

J'avais en face de moi M. Milon, l'acteur. Il me parut très-fat, étudiant ses poses ; il se regardait et avait l'air si content de lui, que je quittai ma place pour lui démasquer la glace qui était derrière mon dos.

Je dis à Maria : Venez-vous danser ? Elle avait un costume d'homme, elle fit le cavalier. Voilà qu'en faisant je ne sais plus quelle figure, je marche sur le pied d'une femme en domino qui était derrière moi. Elle me pousse très-fort en m'appelant bête ! Cela lui avait échappé, mais elle ne m'avait pas moins appelée bête, ce qui me déplut beaucoup ; elle raccommoda la phrase en m'appelant horreur de femme !

Je me retournai et lui tirai la barbe de son masque, en lui disant : — Vous êtes donc bien jolie, vous ! — C'était un vrai singe.

Je me mis à rire en disant : — Voyez comme madame a le nez bien tourné pour m'appeler horreur !

Grand Dieu ! qu'avais-je fait ! Il n'y avait qu'une

femme, une femme comme il faut dans le bal, c'est celle qui m'avait appelée bête et que j'avais démasquée.

Elle, furieuse, cherchait partout le commissaire.

On me conseilla de me sauver ; je n'en fis rien et j'eus tort, car on vint me prier de passer au bureau de police.

C'est pour le coup que j'eus envie de courir. Je me préparais à dire à la dame que je la trouvais superbe ; heureusement pour moi que Louis Monrose, qui est aussi bon garçon que bon acteur, vint à mon secours. Je commençais à avoir très-peur.

Il prouva au commissaire que si cette dame n'avait pas mis son pied sous le mien, je n'aurais pas pu marcher dessus. Il obtint ma grâce et m'emmena en haut.

Lireux rit beaucoup de mon histoire et resta mon ami quelque temps.

Nous allions souvent le voir, parce qu'il avait de grandes caisses d'oranges dans son cabinet ; elles étaient bonnes ; j'étais privilégiée, j'en emportais toujours six.

Voilà comment j'avais connu Maria ; puis je l'avais perdue de vue jusqu'au jour où on l'appela Maria la Polkeuse et moi Céleste Mogador.

C'est la fille d'un honnête ouvrier. On dit que chacun a un défaut ; j'envie ces gens-là, parce que moi j'en ai plusieurs ; mais si Maria n'en avait qu'un, il était de taille.

Si je me permets de parler ainsi de mes bonnes amies, c'est qu'elles ne se sont pas gênées sur mon compte, pas même mes ex-amis, qui, lorsque plus tard j'ai débuté aux Variétés, dans la *Course au plaisir*, m'ont très-maltraitée. Les oranges s'étaient changées en pierres.

Donc, Maria aurait pu lutter d'orgueil avec le paon ; elle était devenue très-élégante, se promenait à pied aux Champs-Élysées avec des robes de velours à queue ; et quand, par hasard, en sortant de l'Hippodrome, je la rencontrais, elle me regardait du haut de sa grandeur sans me saluer. Cela ne me faisait aucune peine, parce que je m'étais fait une petite philosophie à moi à l'égard des femmes.

Elle trouva que son nom ne faisait pas bien sous un chapeau à plumes et se fit appeler Mme de Saint-Pase.

Longtemps après s'être mise sous la protection de ce nouveau saint de sa création, elle me raconta de l'air le plus important du monde que son père était un grand seigneur ; qu'il menaçait de la faire enfermer si elle continuait à porter son nom de Saint-Pasc ; qu'elle était fort embarrassée sur le choix d'un nouveau nom.

— Eh bien ! lui dis-je, est-ce que vous ne vous appelez pas Maria ?

— Ah ! me dit-elle, ne m'appelez jamais ainsi.

Je lui dis franchement qu'elle devrait se résigner, parce que, quoi qu'elle fît, on dirait toujours en la voyant : Voilà Maria la Polkeuse.

Elle faillit avoir une attaque de nerfs. Quand elle fut remise, elle me dit :

— C'est cela, j'ai mon idée.

Un mois après, je la demandai au concierge qui me répondit : *Connais pas !*

Je m'en allais de mauvaise humeur ; heureusement elle se mit à la fenêtre et me rappela.

— Pourquoi partez-vous donc ?

— Dame ! on m'a dit qu'on ne vous connaissait pas.

— Ah ! je comprends. C'est qu'on m'appelle aujourd'hui Mme la comtesse Marie de Bussy.

Elle avait pris son nom au sérieux ; tout chez elle était marqué d'une couronne.

— Dites donc, Maria, voulez-vous que je vous donne mon avis sur votre changement de titre et sur vos armoiries.

— Oui.

— Eh bien! c'est que vous avez l'air de vous être meublée et habillée chez un fripier. Autant ces choses sont belles quand elles vous appartiennent, autant elles vous rendent ridicule quand on s'en pare sans en avoir le droit. — Vous êtes une bonne fille, je vous aime bien, c'est pour cela que je vous donne un conseil. Quand on prend une femme comme nous, on sait ce qu'elle est; on ne ment guère plus facilement aux autres qu'à soi-même.

Il paraît que mon avis était stupide, car elle vint dîner chez moi dans une voiture marquée de *trois couronnes* grandes comme la lune.

Il était cinq heures, son couvert était mis, lorsque Richard vint me faire une visite.

On sonna derrière lui ; je crus que c'était mon invitée ; je prie Richard d'ouvrir ; c'était Robert !

Mes sens ne firent qu'un tour ; je ne trouvai pas une parole.

— Bien! dit Robert en regardant les deux couverts sur la table, je sais ce que je voulais savoir; puis s'adressant à Richard, il lui dit :

— Vous avez voulu épouser cette fille ; ne faites jamais une pareille folie. On les paye, elles ne méritent pas d'autre sacrifice. Je vous la laisse, elle est bien à vous désormais.

La leçon ne plaisait pas à Richard, car sa figure se crispa. De son côté, Robert semblait le provoquer de son œil ardent. Je me sentais mourir : un malheur allait arriver si je ne trouvais pas un moyen de l'éviter.

Je joignis les mains en regardant Richard. Il comprit sans doute, car il lui répondit de l'air le plus affable du monde :

— Je vous remercie de l'avis, monsieur ; vous la connaissez, je crois, depuis quatre ans ? Eh bien ! dans quatre ans, je vous donnerai une réponse.

Robert sortit, me lançant un regard plein de mépris qui me retourna jusqu'au fond du cœur.

Je priai Richard de me laisser seule.

Maria arriva. Elle fit son possible pour me consoler. Un malheur était devant moi, je courais au-devant de la pensée.

Si Maria avait un ridicule, elle avait des qualités.

Elle vint plusieurs jours me voir et tâcha de chasser mes tristes idées par de bonnes paroles.

Robert, pour sauver son amour-propre, qu'il croyait engagé dans cette rencontre chez moi, chercha une femme avec laquelle il pût se montrer dans les endroits publics. Il trouva, dans une table d'hôte, une provinciale qu'un monsieur avait amenée à Paris, moyennant une somme de... Il lui offrit le double de ce que l'autre avait promis. Elle savait qu'il avait une maîtresse qu'il aimait, qu'elle allait servir à rendre une autre femme jalouse ; elle accepta ce rôle et le remplit avec impudence. La vérité me force à dire qu'elle était jolie.

Richard venait à chaque instant me dire : J'ai rencontré votre Robert avec sa maîtresse. Il aurait dû mieux vous remplacer.

Il ne comprenait pas le mal qu'il me faisait.

Maria, de son côté, venait me dire : — Ah çà, votre Robert est fou. Il sort avec une femme, en voiture découverte, et quelle femme encore ! elle a la tournure d'une botte de paille.

Tous frappaient à la même place et en même temps. La douleur ne pouvait pas être plus forte, il fallait que le fiel qu'on me versait au cœur débordât sur quelqu'un.

Naturellement, ce fut sur Richard, que je pris en haine ; je lui reprochai tout ce que je souffrais. Il me demandait pardon du mal qu'il ne m'avait pas fait.

Je reçus dans la journée un mot de Robert ; il avait acheté un magnifique appartement de quelqu'un qui partait. Tout était prêt ; il en prit possession du matin au soir. Il m'écrivait : « Venez me voir, j'ai à vous parler de vos intérêts. »

Richard arriva comme je lisais ce mot, et sans savoir ce qu'il contenait, il me dit :

— Votre Robert en débite de toutes les couleurs sur votre compte. Il a dit hier à un de mes amis que vous iriez chez lui quand il le voudrait.

Je froissai la lettre avec colère.

Lorsque Richard fut sorti, je répondis :

« Qu'irais-je faire chez vous ? chercher quelque insulte ! Vous ne m'avez jamais aimée ; on ne méprise pas ceux qu'on aime, et je sais tout ce que vous pensez et dites de moi. Adieu !

CÉLESTE. »

Une heure après, il m'écrivait encore :

« Vous mentez quand vous dites que je ne vous ai jamais aimée ; vous savez bien le contraire. Vous avez tenu des propos infâmes sur moi. J'ai essayé de me sauver du ridicule que vous me jetiez par du cynisme. J'ai voulu vous voir un instant chez moi, non dans l'espérance de vous demander une consolation, mais pour puiser du désespoir dans la haine que vous m'avez déclarée. Je touche du bout du doigt la fin de toute souffrance, et je veux finir entre la bouteille qui ne trompe pas, et qui donne l'ivresse qu'elle promet, et un pistolet qui me donnera l'oubli. Un jour, en m'acquittant envers vous, les lettres que je vous ai reprises vous seront rendues ; elles ont été l'essence de mon cœur et de ma vie. Je lis les vôtres avec bonheur ; j'oublie ce que vous êtes; pour moi, je rêve et j'adore. Jouissez de la vie de plaisir ; mais, prenez garde, on vieillit vite, et quand le cœur, qui ne vieillit pas, a besoin de tendresse et d'affection, il est épouvantable de ne rencontrer dans les souvenirs que les reproches, et souvent la haine et le mépris.

» ROBERT. »

C'était comme un fait exprès ce jour-là ; je ne fus pas seule une minute. En cherchant à me distraire, tout le monde m'assommait.

Je me dis, en cachant ma lettre : J'irai chez Robert demain.

XXXIX

— Venez au Cirque, me dit Richard, cela vous distraira ; il y a une belle représentation à bénéfice.

Je m'habillai après dîner, et nous partîmes à huit heures.

La salle était splendide de lumières et de toilettes. J'étais triste... tout cela me parut sombre. Tout à coup, la salle s'illumina pour moi... mes yeux furent éblouis. Le bruit que faisait mon sang, en me bouillonnant au cœur, couvrait celui de l'orchestre ! mes paupières, comme dilatées par la belladone, fixaient et regardaient sans voir !

La tête me tourna, et je me sentis vaciller sur mon siége, comme au départ d'un navire en mer.

Richard me regarda, puis, me prenant le bras

d'un air dur et colère, il me le serra en me disant:
— Comme vous êtes pâle; remettez-vous donc, ou vous allez vous trouver mal. Je fis un effort... je relevai ma tête abattue par cette vision, et je me trouvai face à face avec Robert. Lui aussi était bien pâle! Placé à ma droite, sur un banc plus élevé que le mien, il se mit à causer avec cette femme dont on m'avait parlé et me fit sans doute remarquer, car elle se mit à parler haut, à faire mille extravagances pour attirer mon attention... Elle lui parlait, s'approchant si près de sa figure, que dix fois je crus qu'elle l'embrassait! Je n'y pouvais plus tenir : je demandai à Richard de me reconduire. — Non, me dit-il, il verrait trop votre émotion, je le veux, et si j'ai le droit de vous demander quelque chose en échange de ce que j'ai fait pour vous, je vous prie de faire bonne contenance jusqu'à la fin du spectacle. — Je ne répondis rien, et je regardais avec une fixité effrayante les chevaux qui tournaient devant moi. Richard me dit, en me prenant la main : —Voyons, Céleste, je vous en prie, ménagez un peu mon amour-propre; vous savez que j'en ai toujours fait bon marché; mais aujourd'hui, devant tout ce monde qui nous observe, ne me couvrez pas de ridicule, faites-vous violence, une heure seulement! Je vois que vous souffrez, je vous plains; pourtant je souffre

autant que vous ! Vous avez l'air hagard, vos yeux sont pleins de larmes prêtes à couler... Céleste, Céleste, je vous en supplie !...

J'entendais bien tout ce qu'il me disait, il avait raison ; pourtant, je ne pouvais me secouer sous sous cette douleur, plus forte que tout ce que j'avais pu imaginer. Il me serra la main plus fort... Je revins un peu à moi, et je me mis à rire comme doivent rire les fous quand ils souffrent ou qu'ils sont bien malheureux ! — Allons, me dit Richard, vous avez fait beaucoup pour moi aujourd'hui ; nous sommes quittes... Venez, je vais vous reconduire chez vous.

Je me levai, mes genoux fléchirent ; je m'appuyai sur son bras. Je regardai Robert ; ses yeux se rencontrèrent avec ceux de Richard. Je me sentis frissonner comme si les lames de deux épées froides et aiguës m'eussent traversé le cœur.

Je me laissai reconduire comme un enfant ; j'étais engourdie, sans savoir d'où venait ce mal qui me rendait folle.

Arrivée à ma porte, Richard me dit : — Adieu, Céleste, je vous remercie encore ; je vous laisse, votre douleur a besoin de solitude... Je suis attendu par des amis à la Maison-d'Or ; je vous aurais offert de vous y emmener, mais le repos vous est nécessaire. Et il me quitta.

Seule, ma fièvre reprit toute sa force!... Je pris la dernière lettre de Robert ; il m'aimait toujours, puisqu'il m'écrivait : « Je finirai entre une bouteille de vin, qui tient ce qu'elle promet : l'ivresse ; et un pistolet, qui donne l'oubli. » Mais cette femme, pourquoi l'a-t-il?... pour se sauver de ce qu'il appelle le ridicule ; il ne l'aime pas.... Il refusait de se marier parce qu'il n'avait pas le courage de dire à une autre : Je t'aime! Oh ! demain, je le verrai!

Je me couchai, espérant trouver dans le sommeil un peu de calme ; mais ce fut en vain... mon cœur saignait de tous les côtés ; le sang me montait au cerveau ; le délire me prit plus fort!... Je me levai, m'habillai, comme si une voix m'appelait au dehors.

— Louise, dis-je à ma femme de chambre, venez avec moi, ne me quittez pas, quoi qu'il arrive! ma raison s'en va... courons après, ou je suis perdue. Et, prenant la lettre de Robert qui m'indiquait sa nouvelle adresse, je pris ma course par les boulevards. Arrivée rue Joubert, je m'arrêtai, effrayée de ce que j'allais faire ! J'eus envie de retourner sur mes pas, ma raison n'obéissait plus, et je sonnai à la porte cochère. Il était près d'une heure du matin. On m'ouvrit, et je montai sans rien demander et laissant Louise sous la porte.

Arrivée au premier, je sonnai à faire trembler

la maison ; on ne me répondit pas. Ce fut une joie et une peine. Il n'y avait personne, ou bien on ne voulait pas me répondre. Tant mieux... qu'aurais-je dit? J'allais redescendre, ce qui était raisonnable ; mais la folie ne raisonne pas, et, saisissant le cordon, je fis dix fois plus de tapage.

J'entendis une porte s'ouvrir, puis marcher, et une voix, celle de Robert, demander : Qui est là?

Ma langue se glaça... Je m'appuyai au mur, car j'allais tomber !...

— Qui donc est là ? reprit-il en ouvrant la porte du carré.

Puis, m'éclairant la figure de sa bougie, il reprit :

— Vous, ici! vous, à pareille heure ! que me voulez-vous donc?

Je ne sus que répondre... je vis tant d'ironie sur sa figure, que je compris qu'il allait se venger de moi.

— Voyons, me dit-il, je n'ai pas de temps à perdre ; qu'avez-vous à me dire?

— Moi, lui dis-je toute tremblante et lui montrant sa lettre, je viens parce que vous m'avez écrit hier!

— Oh! fit-il en riant, c'est vrai, après déjeuner! Si ce n'est que cela, vous pouvez vous en retourner, il n'y a pas de danger, je suis très-heureux ! Comment se fait-il que M. Richard vous laisse sortir à pareille heure ?... ce n'est pas prudent. Je l'en ferai prévenir demain.

L'air railleur avec lequel il me disait tout cela faisait, petit à petit, reprendre le dessus à mon caractère violent. La douleur, se retirant de mon cœur, faisait place à un gros orage. Il vit les éclairs dans mes yeux et fit son possible pour m'exaspérer !

— Entrez, me dit-il en démasquant la porte. Je ne vous aime plus, vous me dérangez beaucoup ; mais je suis trop poli pour ne pas vous offrir de vous reposer quelques moments. Il posa son bougeoir sur la table et me montra un siége.

La pièce dans laquelle il m'avait fait entrer était une salle à manger, aux panneaux et plafonds sculptés. Cette première pièce annonçait le luxe et le goût des autres. Je regardais pour me donner une contenance, car je n'osais dire un mot.

— Il paraît, me dit-il, que c'est une visite sans but que vous avez voulu me faire, ma chère Céleste ; vous avez mal choisi l'heure, mon enfant, car je ne suis pas seul ? mais, puisque vous êtes venue, c'est moi qui vous dirai ma position et l'état de mon cœur, afin de nous éviter à l'avenir de pareilles rencontres. J'ai été amoureux de vous, je le crois, du moins; vous vous êtes moquée de moi; je me suis fatigué de ce rôle ridicule, et, aujourd'hui, je ne vous aime plus; votre vue me dégoûte, parce qu'elle me rappelle une faiblesse honteuse. Allez retrouver M. Richard.

A mesure qu'il parlait, ses yeux prenaient une expression qui me faisait peur; je lui dis en joignant les mains : —Voyons, Robert, ne m'accablez pas!... quittez cet air railleur qui me glace, écoutez-moi cinq minutes et je me retire. J'ai eu tort de venir, il faut me le pardonner... c'est une puissance plus forte que ma volonté qui m'a conduite!... Pouvais-je deviner que cette lettre ne contenait que mensonge et plaisanterie... vous parliez de vous tuer... je suis venue... vous me renvoyez, je m'en vais.

— Non, me dit-il, non, tu n'es pas venue par intérêt pour moi!... tu es venue parce que tu m'as vu avec une autre femme, parce que tu as voulu tenter ton empire sur moi! Eh bien! emporte ma réponse : Elle est là, cette femme, derrière cette porte; elle entend tout ce que je te dis... je l'aime! elle est belle, aussi belle que tu es laide! On dit qu'elle te ressemble, et que c'est pour cela que je l'ai choisie... c'est possible! tu es sa caricature.

— Robert, lui dis-je, me levant hors de moi... Robert, ce que vous faites là est une lâcheté!...

Vous m'insultez chez vous, vous devriez vous respecter vous-même en n'insultant pas vos faiblesses passées. Si c'est pour vous faire aimer de cette femme que vous me traitez ainsi, elle aura mauvaise opinion de vous, car le même sort l'attend plus tard. Si je dérange une de vos nuits de plaisir, j'en ai le droit, car vous avez dérangé ma vie. Pourquoi m'avez-vous écrit à Londres?... Sans votre lettre, je serais mariée aujourd'hui, je serais en Écosse, et je ne viendrais pas vous troubler. Je savais bien que ce que vous aimiez en moi, c'était vous!... je ne pouvais pas le croire, car j'ai plus de grandeur d'âme que vous ne le pensez... Pour que vous sauviez votre fortune par un mariage, je vous ai quitté pour ne pas être complice de votre ruine presque certaine. J'ai accepté d'un autre ce que je ne voulais ni vous demander ni accepter de vous... l'idée ne m'était pas venue que vous pouviez prendre une autre maîtresse. Vous m'aviez juré tant de fois de vous marier, le jour où tout serait fini avec moi, que je voulais vous y aider. Vous n'avez pas un reproche à me faire, je vous ai toujours prévenu; vous, vous m'avez menti en m'écrivant cette lettre... Ah! ma tête se perd... je deviens folle !... Prenez garde, ne dites plus un mot, car je commettrais un crime! La flamme de cette lumière est rouge... tout prend cette couleur... adieu... ne revenez jamais à moi, méfiez-vous... je ferai tout pour vous ramener... ce serait votre fortune, votre vie, votre honneur qu'il me faudrait alors, pour oublier cette nuit! Je donnerais ma vie pour que vous m'aimiez encore six mois.

Je fis un mouvement pour sortir. Il me barra le passage.

— Non, me dit-il, vous êtes trop agitée, vous ne partirez pas encore... la colère vous va bien, je veux voir jusqu'où elle peut aller!... Vous me dites de ne jamais retourner à vous... soyez tranquille, j'ai bien pris mon parti, je suis bien fort! Je vous méprise, misérable créature que j'avais ramassée dans la boue, qui m'avez sali pour me récompenser!... Je vous ai servi d'échelle; c'était drôle de voir un homme de bonne compagnie aimer une fille comme vous, l'emmener chez lui, cela a piqué la curiosité, vous vous êtes mise à l'enchère, et vous vous êtes livrée au plus offrant.

Je regardais autour de moi par quel moyen je pourrais me soustraire à cette scène... Je vis un couteau sur l'étagère, je m'en emparai, et le serrant avec force, je criai :—Pas un mot de plus, Robert... laissez-moi, ou je vous tue !

Il se croisa les bras et s'appuya le dos à la porte de sortie.

—Enfin, fit-il en riant, je vous vois donc souffrir un peu ! je vous croyais de pierre... Laissez donc ce couteau, vous allez vous couper les doigts.

— Ah ! lui dis-je, tu crois que je ne conduirai pas cette lame jusqu'à ton cœur, comme tu as conduit jusqu'au mien tes cruelles paroles ! tu me crois donc bien lâche ? Tu crois donc que j'ai peur de la mort?... Eh bien ! fais ce que je vais te dire ou je vais te tuer !... Renvoie cette femme qui a entendu tout ce que tu m'as dit !...

Il haussa les épaules sans bouger.

— Tu ne veux pas me croire !... Tiens, regarde, je commence par moi pour que tu ne doutes pas... Et je m'enfonçai à deux reprises le couteau dans la poitrine. La lame froide glissa sur mes côtes en les éraillant. Ce déchirement fut moins douloureux que celui de mon cœur... Robert ne vit pas de sang, et crut sans doute que j'avais fait semblant. Il vint à moi pour prendre mon couteau...

— Va-t'en, lui dis-je, laisse-moi passer, et comme il ne se retirait pas assez vite, je le frappai au bras droit. Son sang coula... A cette vue, je retrouvai ma raison égarée ; je lui demandai pardon.

— Je vous pardonne, me dit-il, mais sortez. Je fis quelques pas, je mis la main à ma poitrine... Je sentis un bouillonnement tiède, puis un plastron froid, je m'appuyai d'une main à la table, de l'autre je voulais arrêter le sang Je perdais ma vie et mes forces... La tête me tourna, je sentis mon cœur cesser de battre, et je tombai à terre.

Quand je revins à moi, j'étais dans une grande chambre toute tendue en velours grenat et garnie de passementerie d'or. J'étais étendue sur un lit à la François 1er, doublé de satin blanc, et soutenu par quatre colonnes dorées. Il y avait deux bougies allumées dans un grand candélabre doré qui en portait au moins vingt. J'avais froid à la poitrine; je portai la main pour étancher le sang... On m'avait mis une grosse éponge à toilette, imbibée d'eau et de vinaigre, ce qui me causait une douleur très-vive. On avait fait monter ma femme de chambre; elle était assise dans un fauteuil. J'écoutais, retenant ma respiration, car on causait dans la chambre voisine.

— Je te demande pardon, ma chère amie, disait Robert, de te faire passer une si mauvaise nuit... Tu dois avoir froid... Sitôt que le jour sera venu, j'enverrai chercher une voiture et je la mettrai dedans. Sa blessure n'est pas dangereuse... le repos lui aura fait du bien.

Je me rappelais tout, et je fondis en larmes. Robert vint près de mon lit et me dit :

— Etes-vous mieux?... Ah çà, vous êtes folle,

ma chère enfant, de me faire pareille scène... Il me semble que je ne vous ai jamais dérangée... Si je vous ai écrit, il fallait brûler mes lettres sans les lire. Vous n'êtes pas une enfant; vous saviez ce que vous faisiez en me quittant, je veux être libre.

Je regardais la porte restée ouverte : cette femme écoutait. — Oui, lui dis-je, vous avez raison... Fermez cette porte, je m'en vais. Louise, venez m'aider à m'habiller.

Il sortit; je l'entendis rire, de moi sans doute ! mon cœur se brisa de nouveau... Je n'avais plus de force que pour pleurer. Je voulus me lever, je ne pus me tenir.... Il me fallut rester sur le lit et respirer du vinaigre.

Louise cria : — Madame se trouve mal !...

— Encore, répondit Robert, et il vint l'aider à me soutenir.

La femme que j'avais vue au Cirque entra et parla à Robert; elle avait un accent prononcé. Je crois qu'elle venait plus par curiosité que par intérêt. Elle avait les cheveux courts, frisés à la Titus. Elle ressemblait beaucoup à une des premières compagnes de ma vie.

Il y a certaines gens devant qui on souffre plus d'être humiliée!... Je n'avais rien à lui dire... Je ne la connaissais pas... Je la priai seulement de se retirer pour que je me préparasse à partir... Elle le fit en riant, et je l'entendis embrasser Robert.

Je ne sais où je trouvai de la force..... dans ma haine, sans doute ; mais je sortis de cette chambre qui ressemblait à une tombe. Il ne me serra pas la main.

Il faisait jour ; Louise me portait plutôt que je ne marchais. Je m'arrêtai de l'autre côté de la rue...la croisée était ouverte, sans doute pour bien s'assurer que je m'éloignais. Après m'avoir vue partir, Robert la referma.

Nous ne rencontrâmes pas une voiture. Je me traînai jusque chez moi, le corps brisé, mais le souvenir vivant; ce souvenir, qui passait dans mon cœur comme un fer rouge, me brûlait, et ne se calmait un peu qu'avec une pensée de vengeance. — Pauvre Richard !... lui si bon, si dévoué, je l'avais méconnu !... C'était ma punition. Mais que de peine on lui ferait quand on lui raconterait cette scène, scène que je ne pourrais nier, car j'avais sur la poitrine une énorme cicatrice.

— Voyons, me dit Louise, il faut vous coucher, madame, je vais aller chercher un médecin.

— Non, lui dis-je, j'ai un devoir à remplir, il faut que je prévienne Richard ; il vaut mieux qu'il apprenne cette nouvelle par moi... Oh ! les forces me manquent!... Allez chez-lui... dites-lui de venir de suite!...

Elle sortit. — J'avais perdu beaucoup de sang... J'étais d'une pâleur mortelle!... Mon Dieu! disais-je, reprenez donc ma vie... je souffre trop!

XL

Louise revint.

— Oh ! madame, me dit-elle, le concierge de M. Richard est fou !... Il ne voulait pas me laisser monter, il me disait : Il n'y a personne... M. Richard vient de sortir avec madame.

— Mais, lui ai-je répondu : Madame est à la maison... c'est elle qui m'envoie !...

— Il resta tout sot et me dit : Mademoiselle, je vous en prie... Diable ! je viens de faire une bêtise, ce n'est pas elle qui était en haut ; c'est que, aussi, l'autre est de sa taille ; surtout n'en dites rien à madame. — Je lui ai promis de me taire, mais j'ai pensé que vous deviez être instruite de cela, car, sans M. Richard la scène de cette nuit n'aurait pas eu lieu.

Je me couchai, mes larmes coulèrent avec abondance. Quand je n'eus plus de larmes, je repassai les événements. Mon cœur venait de se dessécher à ce feu ardent de la douleur.

— Ah! m'écriai-je, dans un état de délire voisin de la folie; c'est affreux de vivre comme cela, pourquoi ne m'a-t-on pas étouffée en venant au monde? Que sont de misérables créatures comme moi sur la terre? La honte de leurs parents, le remords et le mépris de ceux qui les ont aimées. Est-ce qu'on aime une fille comme moi? On s'oublie quelques heures près d'elle : puis après on la maudit, on la chasse; on lui dit ses vérités; il a bien fait, Robert. Je suis si méprisable! mon Dieu! est-ce que je ne suis pas assez punie? Mon Dieu! pourquoi ne voulez-vous donc pas que je meure? et j'arrachais les compresses mises sur mes blessures avec tant de force que mes ongles enlevaient la peau. J'aurais voulu continuer, mais comme rue Geoffroy-Marie, mes forces physiques étaient épuisées; je tombai sur une chaise; je cherchais à pleurer, mes paupières étaient sèches et brûlantes.

Rien! me disais-je, il ne me reste rien. Oh! qu'il ne revienne jamais, que son amour soit bien mort, car je me vengerais cruellement!

Robert! il a été sans pitié pour moi. Comme il

m'a traitée devant cette femme! Comme il m'a poussée du pied! et je ne l'ai pas tué! Comme il doit me mépriser! Et Richard qui me retire son amitié, quand j'en avais tant besoin; je perds tout à la fois.

Je suis seule au monde!...

Louise entra dans ma chambre, et me dit : — Madame, la nourrice est là avec votre filleule, je lui ai dit que vous reposiez, que je ne savais pas si vous pouviez la recevoir.

— Oui, lui dis-je, faites-la entrer; elle vient me rappeler que si je n'ai personne qui m'aime, elle, pauvre enfant! n'a que moi sur la terre.

On m'apporta ma petite fille; elle était délicate comme une fleur. Je cherchais la vie dans ses yeux, je n'y voyais que faiblesse et langueur. Mon cœur retrouva des larmes. Pourtant la femme qui la gardait m'assura qu'elle se portait bien, j'eus la force de sourire pour l'animer; le pauvre ange me tint compte de cet effort; car elle me rendit caresse pour caresse. Quand elle partit, je me sentis soulagée, sa présence m'avait fait du bien; c'était la relique de mon âme. J'aurais voulu tout oublier, pour ne penser qu'à elle, mais je ne pouvais pas, son souvenir adoucissait ma douleur, il ne la guérissait pas.

Louise rentra me demander si je voulais recevoir M. Richard.

— Vous a-t-il dit quelque chose, sait-il que vous êtes allée chez lui ce matin ?...

— Je ne pense pas, madame, il ne m'en a pas parlé.

— Bien ; faites entrer.

Je m'assis dans l'ombre, pour qu'il ne vît pas ma figure ; il entra, vint pour me prendre la main, je lui fis signe de s'asseoir en face de moi.

— Eh bien! mon cher Richard, comment avez-vous passé la nuit ? Votre souper à la Maison-d'Or s'est-il prolongé bien tard ?

— Non, me dit-il, je suis rentré à minuit, vous savez bien que je m'ennuie où vous n'êtes pas.

— Ah!... et vous sortez de chez vous ?

— Oui, me dit-il d'un air calme qui ébranla la résolution que j'avais prise de ne lui parler de rien.

— Tiens, on m'avait dit vous avoir rencontré ce matin, dehors ?

Il changea de couleur et me dit : — En effet, je suis sorti de très-bonne heure pour essayer un cheval ; mais je suis rentré depuis.

— Cher Richard, quelle triste nuit vous avez dû passer ! vous qui m'aimez au point d'être jaloux de ma pensée ?

— Oui, j'ai passé une mauvaise nuit, en pensant que, moi qui vous aime tant, je ne puis rien pour vous rendre heureuse.

— Allons, lui dis-je, assez de comédie et de grimaces; dites-moi le nom de celle qui vous a consolé pendant cette longue et triste nuit?

Il devint pâle.

— Ne cherchez pas d'histoire, c'est inutile, je sais tout, sauf le nom de la femme; je veux le savoir!... pas de phrases perdues, un seul mot, son nom, et je vous pardonne.

— Oh! Céleste, dit-il en se laissant tomber à genoux devant moi, vous me trompez, vous ne me pardonnez pas! Oui, je suis un fou, un insensé, mais je vous aime plus que ma vie. Je vous l'ai prouvé, Céleste, pardonnez un moment d'ivresse; hier, à ce souper, je n'avais pas ma raison, et puis vous m'aviez fait tant de peine!... Ah! cette femme... C'est elle qui m'a entraîné. Céleste, pardonnez-moi; quittez cet air glacial qui me fait mal, accable-moi de reproches, je les mérite; mais pardonne-moi.

— Je vous ai demandé son nom, je veux savoir si c'est une de mes chères amies, afin de lui faire mes compliments de l'intérêt qu'elle vous porte.

— Non, vous ne la connaissez pas; je ne la reverrai jamais. Je voudrais ne l'avoir jamais vue, elle ne sait pas tout le mal qu'elle me fait aujourd'hui.

— Vous pleurez!... un homme! c'est pousser trop loin le besoin de mentir. Vous avez vu Robert avec une femme ; vous vous êtes dit : Il la quitte, je puis la quitter aussi. Vous vous trompiez, quand vous disiez m'aimer, c'est lui que vous aimiez; je ne vous en veux pas, je ne vous aime pas, je ne vous ai jamais aimé, vous le savez bien. Voyons, ne pleurez pas comme cela, vous me portez sur les nerfs, je ne vous fais pas de reproches, vous étiez libre, je vous suis assez reconnaissante pour vous souhaiter d'être heureux avec une autre. Est-elle jolie?

— Ah! Céleste, Céleste, vous êtes sans pitié, vous n'avez pas de cœur.

— De la pitié, est-ce qu'ils en ont eu pour moi, cette nuit? Je n'ai pas de cœur? si, puisqu'il me fait mal. Et je lui contai tout ce qui s'était passé, pourquoi je l'avais envoyé chercher? Il était si bon, qu'il ne me fit pas un reproche; il ne cherchait qu'à s'excuser.

— Vous m'avez demandé le nom de cette femme? Elle se nomme Adèle Célier.

— Ah! lui dis-je, je l'ai vue deux fois, c'est une jolie personne, grande, blonde, n'est-ce pas? Vous avez bon goût.

— Céleste, vous êtes cruelle.

— Pourquoi? parce que je ne vous fais pas de scène; mais je ne regretterai qu'une chose de vous, votre amitié; c'est moi qui devrais vous demander pardon, nous serons amis. Je n'oublierai jamais ce que vous avez fait pour moi. Restez avec cette femme, ne venez plus chez moi. Si vous m'aimez encore, je vous ferais souffrir sans le vouloir; le monde est inhumain. On est heureux de faire aux autres le mal qu'on vous fait à vous-même. J'ai gros à dépenser, n'en soyez pas la victime.

— Non, non, je ne veux pas vous quitter.

Il s'attachait à mes mains qu'il couvrait de larmes.

— Je me tuerai si vous ne me pardonnez pas.

— Allons, je vous ai déjà prié de ne pas me dire de choses stupides, vous ne voulez pas me quitter, soit; vous me prêterez votre bras, vous m'accompagnerez partout; mais j'aurai le droit, moi, de vous quitter n'importe où, vous ne serez plus que mon ami. Ne me demandez pas une bonne parole, je suis incapable de la dire. Partez; en descendant, vous commanderez ma voiture, il faut que je sorte, j'ai besoin d'air. Je me sens mourir; vous reviendrez me chercher à neuf heures, je veux aller au Ranelagh.

Quand je fus seule, je m'habillai avec tout ce que j'avais de plus beau ; je mis du rouge pour cacher ma pâleur. Je montai en calèche, si bien parée, que tout le monde s'arrêtait et disait en me voyant passer : — Que cette femme est heureuse ! — Quand j'arrivai aux Champs-Elysées, beaucoup de gens parurent étonnés ; enfin on finit par m'arrêter et me dire : — Tiens, vous n'êtes donc pas morte ? on m'avait assuré que vous vous étiez tuée cette nuit ; vous avez bien fait de faire semblant. — Je supportai vingt railleries de ce genre.

Toutes mes connaissances savaient ce qui s'était passé pendant la nuit, tout le monde voulait voir la femme pour qui Mogador s'était donné des coups de couteau. Robert faisait force plaisanteries pour se venger de M. Richard, et disait à qui voulait l'écouter : — C'est insupportable, les femmes m'arrachent.

J'allais partout où je pouvais le rencontrer ; et je déployais un luxe effréné que Richard encoucourageait en me comblant des choses les plus belles.

Robert vint un matin me voir. Il prit un air dégagé, en me disant :

— Je viens savoir comment vous vous portez.

— Je pourrais vous répondre à mon tour : il était inutile de venir, vous me dérangez, j'attends

M. Richard, et puis vous m'avez rencontré cinq fois, je vais bien ; vous n'avez donc plus peur de moi, que vous revenez?

— Non, me dit-il, je vous trouve jolie. Voulez-vous me donner à déjeuner? Le couvert est mis.

— Je suis désolée de vous refuser, mais j'attends quelqu'un.

— Eh bien! vous le renverrez.

— Et vous que ferez-vous en échange?

— Je renverrai ma locataire.

A ce mot, je sentis mon cœur bondir, mais je ne puis dire si ce fut de haine ou de joie. — Bien sûr, lui demandai-je?

— Bien sûr.

— Soit! marché tenu.

Richard sonna, je fus lui ouvrir, et je le priai de ne pas entrer.

— Allez, lui dis-je, retrouver Mlle Adèle, je vous ai dit que je prendrais ma liberté quand j'en aurais besoin. Robert est là. Aujourd'hui, je puis vous dire la vérité, je ne cède pas à mon cœur, mais à mon amour-propre.

— Adieu, me dit-il, vous ne me reverrez jamais.

Je ne pris pas garde à ce mot qu'on dit si souvent, et puis j'étais trop occupée de ma vengeance.

Robert chercha à se justifier. Il avait un air vainqueur dans toutes ses paroles qui m'exaspérait; pourtant je fus douce, humble. Il crut mon caractère brisé à tout jamais, car j'employais la prière pour qu'il restât auprès de moi.

— Oui, me dit-il, je vous aime encore un peu, mais je suis le seul; je ne sais ce que vous avez fait aux femmes, toutes vous détestent. Judith m'a écrit, elle ne peut vous souffrir. Toutes ces plaisanteries me fatiguent, et j'ai pris un parti, je vous verrai de temps en temps, nous garderons chacun notre indépendance.

— Je ne sais, mon cher ami, à quel propos Mlle Judith peut vous écrire sur mon compte, je ne la connais que de vue.

— Elle prétend que vous lui avez écrit pour avoir une invitation chez elle, et qu'elle vous a refusée.

— Vraiment, mon cher Robert, je m'étonne que vous, un homme d'esprit, vous prêtiez attention à des caquets de femme; je vous ai dit déjà que je n'avais fait d'avance qu'à une seule femme, pour la faire mentir, c'est à Ozy; puisque vous êtes en correspondance avec Mlle Judith, pourquoi ne vous a-t-elle pas montré ma lettre?

— Je ne la vois pas, je crois même ne lui avoir jamais parlé, je ne sais même plus comment il se fait que nous nous soyons écrit. Ce dont je me souviens, c'est qu'elle me disait, dans une lettre, que je ne devrais pas être si fière de ma conquête, que la prise de Mogador ne datait pas d'hier. Je lui ai répondu qu'après avoir consulté les historiens anciens et modernes, j'avais découvert que Judith avait mis la tête d'Holopherne dans le sac, longtemps, mais bien longtemps avant la prise de Mogador ; elle m'a renvoyé la lettre.

Je ne sais ce que tout cela signifie, je n'ai jamais cherché à la connaître.

Pour vous montrer que je ne vous mens pas, je vous enverrai ses lettres.

En effet, il me les a données plus tard, je les ai ; et je n'ai jamais rien compris à ce commérage dont je fus la victime plus tard.

On servit le déjeuner.

Robert fut d'une gaieté qui me faisait mal.

— Allons, me dit-il, quittez cette figure d'enterrement, je vais donner de l'argent à cette femme qui est chez moi, lui faire louer un appartement, je viendrai vous chercher à six heures pour dîner. Vous voyez que je n'ai pas peur de vous!

— Bien, lui dis-je, mais ne l'oubliez pas, car j'ai le droit d'aller vous chercher, et j'irai.

Il partit ; quelques minutes après, on me remit une lettre de Richard.

« Je vous ai dit, Céleste, que je ne vous reverrais plus ; vous comprenez que pour tenir cette promesse, il faut que je parte, loin, bien loin. Un de mes amis va en Californie, je pars avec lui ; je connais votre caractère mieux que vous-même ; vous avez de la haine et du fiel au cœur, ce sont les mauvais traitements des autres qui vous ont rendue comme cela, car vous étiez bonne ; dans l'état où vous êtes, vous avez besoin, pour vous soulager, de rendre à quelqu'un tout ce qu'on vous a fait ; je vous ai donné l'occasion de ne plus me ménager, vous vous en êtes emparée avec cruauté. Si ce n'était que cela, je ne partirais pas encore, je me cacherais sur votre passage et je pourrais vous voir de loin. Mais je vous ai trompée sur ma position, je suis ruiné ; il me reste à peine de quoi faire mon voyage. Vous perdre est la seule chose qui me rende malheureux, je reviendrai dans quelques années : je serai toujours le même. Si je suis riche, j'irai vous demander si vous avez besoin de moi. Adieu, je vous aime. Je n'ai jamais aimé que vous et n'aimerai jamais que vous...

« RICHARD. »

Cette nouvelle me terrifia ; son départ m'eût été indifférent, mais sa ruine m'épouvanta. Pauvre garçon ! qu'allait-il devenir ? Je lui écrivis de suite pour lui offrir ce que j'avais ; on répondit à ma femme de chambre qu'il avait quitté l'hôtel le matin même et qu'il n'avait laissé qu'une lettre pour moi au concierge. Le remords me mordit au cœur. Robert était cause de ce malheur autant que moi ; il était peut-être mon complice involontaire, mais c'était la conséquence de tous ses caprices. Qu'il prenne garde à lui, qu'il ne rie pas de tout ce qui arrive, je me servirais de lui pour venger Richard.

J'attendis six heures, la tête en feu ; ils sonnèrent enfin, Robert ne vint pas.

Je me promenais de long en large, impatiente, nerveuse, je me disais : Il ne viendra pas, il joue avec mon désespoir, il a ce qu'il voulait ; Richard lui a cédé la place, il rit de ce qu'il a fait. Et je le laisserais jouir de ce triomphe près de cette femme ! ah ! il ne l'a pas cru, il ne peut pas le croire !

Sept heures !

— Louise, donnez-moi un manteau, un chapeau.

— Madame, me dit cette fille, je vous en prie, ne sortez pas dans cet état.

— N'ayez pas peur, lui dis-je, il n'y a pas de danger pour moi, et je partis.

Arrivée rue Joubert, je trouvai le valet de chambre ; il me connaissait depuis longtemps, c'est moi qui l'avais fait entrer à la campagne chez Robert.

— Où est votre maître ? lui dis-je.

— Il est sorti, madame, il est allé dîner, mais il rentrera de bonne heure, car il donne une soirée ; il m'a dit qu'il serait de retour à huit heures.

— Bien ; et cette femme est avec lui ?

— Oui, madame.

— Où sont ses effets ?

— Là, dans le cabinet de toilette.

— Éclairez-moi.

Je passai dans cette chambre, où je trouvai une grande malle et des robes éparses. Je fis enfermer le tout dans la malle, et j'ordonnai au valet de chambre de faire porter cela à l'hôtel des Princes.

Il obéit.

— Maintenant, dis-je, mon cher Robert, à nous trois. D'abord à nous deux.

Ensuite j'ouvris sa boîte à pistolets, avec la ferme résolution de lui brûler la cervelle, et de me tuer après, s'il ne faisait pas ce que j'allais ordonner. Heureusement pour lui, je ne trouvai pas de capsules ; car, quand sa voiture s'arrêta, je me mis à la croisée ; je le vis, en phaéton découvert, prenant cette femme dans ses bras pour l'aider à descendre ; mon sang ne fit qu'un tour, et je l'aurais tué, oh ! j'en suis sûre, il ne serait pas remonté ; j'étais d'une adresse rare pour une femme, je faisais au tir dix-neuf mouches sur vingt balles ; j'avais une réputation de force qui ne m'aurait pas fait défaut ce jour-là ; ma main était froide, mais elle ne tremblait pas.

Je les attendais dans le salon, tout était éclairé pour la soirée. Les murs étaient en cuir repoussé blanc et or, les meubles en brocatelle verte ; des glaces partout reflétaient les bougies ; le tapis à haute laine blanche et à fleurs rouges et vertes étouffait le bruit de mes pas, je n'entendais que mon cœur. On poussa un ressort, une porte recouverte de glaces s'ouvrit, entrant de chaque côté dans les panneaux de la muraille. Cet appartement avait été décoré pour Mlle Rachel. Tout y rappelait le goût de la grande artiste.

Robert parut et resta saisi. On n'avait pas osé lui dire que j'étais là.

— Eh bien ! est-ce que ma présence vous étonne ? Est-ce que vous m'aviez oubliée ?

Il resta confus.

Sa compagne entra. Elle me regardait, m'écoutait sans comprendre.

Je m'adressai à elle.

— Est-ce qu'il ne vous avait pas dit qu'il était venu chez moi ce matin, qu'il devait venir me chercher pour dîner? Il aurait dû vous prévenir, c'eût été poli... Dites donc à madame que je ne mens pas, vous voyez bien qu'elle doute.

— C'est vrai, dit Robert, qui, dominé par mon regard, n'osait me démentir. Je suis allé prendre de vos nouvelles; je vous avais promis ce que vous me demandiez, mais j'ai réfléchi, et puis je ne pouvais renvoyer madame du matin au soir, il me faut le temps de lui trouver un logement convenable.

— Ah! lui dis-je, eh bien! mais il me semble que vous l'avez trouvée à l'hôtel des Princes, et qu'il ne faut pas tant de temps pour y retourner; je me suis chargée de ce soin, je viens de faire retenir un appartement où j'ai déjà fait porter ses malles.

Robert fut tout abasourdi.

La pauvre provinciale prit un air stupide.

Enfin Robert retrouva la parole.

— Voyons, Céleste, je vous en prie, pas de scène, pas de violence, je vous promets que madame partira demain. Elle sait bien qu'elle ne doit pas rester près de moi, mais aujourd'hui j'attends du monde.

— Et vous me priez de m'en aller! En vérité

vous me faites rire ; je vous avais prévenu, je vous avais dit : Ne revenez pas. Vous êtes revenu. Vous avez pris un engagement. Ce n'est pas une promesse que vous avez le droit de retirer. C'est un marché que nous avons fait. J'ai payé, Richard est parti. A vous maintenant; vous attendez du monde, eh bien, je ne suis pas de trop, je vais leur donner la fête complète. La provinciale me dit :

— Mais si monsieur ne vous aime plus et s'il m'aime...

— Je ne vous connais pas, mademoiselle.

— Je suis dame.

— Tant pis pour vous ; je ne m'adresse pas à vous, je n'aurais rien voulu vous dire de désagréable, mais, puisque vous ne connaissez pas assez le monde, ce qui m'étonne beaucoup à votre âge, sachez que, quand même il ne m'aimerait plus, il ne pourrait encore vous aimer. Après une grande passion, le cœur a besoin de repos. Vous seriez mille fois plus jolie que vous n'auriez pas encore pris ma place. Vous le connaissez à peine, vous ne pouvez pas l'aimer.

Elle se mit à pleurer, car mes paroles étaient confirmées par le silence de Robert.

— Allons, lui dis-je, je ne veux pas mettre madame dehors à cette heure, vous allez me suivre, demain il fera jour.

Il vit qu'il n'y avait pas d'autre parti à prendre pour éviter un malheur ou un scandale, et il obéit.

Il lui dit quelques bonnes paroles pour la consoler, s'excusa de sa faiblesse et lui jura que s'il l'avait connue plus tôt il l'aurait adorée, mais qu'on ne disposait pas de sa tendresse.

Il donna l'ordre à son domestique de dire à tous ses amis qu'il remettait la partie à huitaine.

Nous rentrâmes chez moi silencieux.

Il se posa en victime de mon caractère, me vanta sa nouvelle conquête, et me dit :

— Je vous ai suivie pour éviter une scène ridicule.

Tout cela m'était égal. Je ne sentais rien au cœur que ma volonté ; il était près de moi, peu m'importait la cause.

Mon air froid et résigné, malgré les traces d'une douleur profonde restées sur mon visage, le firent changer peu à peu ; il se rendit complétement, me demanda pardon, m'assura n'avoir jamais cessé de m'aimer une heure.

Le lendemain, cette femme lui écrivit chez moi pour lui demander plus d'argent qu'il ne lui en avait laissé ; il le lui envoya afin de s'en débarrasser.

Je fus, avec lui, m'assurer qu'elle était bien partie, l'appartement était vide il ne put s'empêcher de rire, elle avait voulu avoir un souvenir de cette maison et avait emporté un énorme pâté de foie gras.

XLI

A Paris, tout ce qui peut occuper les pauvres d'esprit prend une publicité énorme. On me montra au doigt dans les promenades ; chacun racontait mon histoire, on voulait voir ma rivale : elle était jolie : elle se disait victime de sa confiance ; elle était mariée et avait beaucoup d'enfants dans son pays ; elle se rendit intéressante et trouva un si grand nombre de curieux et de consolateurs, qu'elle ne tarda pas à devenir, comme moi, une de ces tristes célébrités, une de ces femmes qui dévorent la fortune et l'avenir. — Elle prouva tant et si bien sa reconnaissance à ceux qui s'intéressaient à elle, que je fus étonnée de l'étendue de son cœur; on ne pourra jamais lui reprocher d'en avoir manqué, à celle-là. — Elle aima passionnément vingt personnes de ma connaissance; ses autres faiblesses furent des caprices. Tout le monde fut content.

Je me croyais arrivée au plus haut degré de l'infamie. Je m'étais trompée, j'avais encore une marche à monter, un nouveau monde à voir de près.

Robert reçut huit jours plus tard. Je fis les honneurs de la soirée. On me plaisanta beaucoup. On me parla des succès de la provinciale, qui voulait absolument avoir une voiture comme moi; tout cela m'agaçait, car, malgré moi, j'étais jalouse, je la détestais et j'éprouvais un certain bonheur à lui faire envie.

On jouait gros jeu; Robert perdait. Il n'eut pas dans toute la nuit un instant de veine.

Ceux qui gagnaient son argent riaient et lui disaient : On ne peut avoir tous les bonheurs. Quand on a deux femmes qui vous aiment, cela justifie le proverbe : Malheureux au jeu, heureux en amour.

Il était beau joueur, pourtant je voyais une sueur imperceptible lui perler au front.

J'essayai de lui faire une observation.

— Bien ! lui dis-je : allez ! et je le regardais avec plaisir, car je connaissais sa gêne, et je savais que le lendemain il regretterait de ne pas m'avoir écouté.

La partie finie, il avait perdu dix-huit mille francs.

Il sortit de bonne heure pour tâcher de faire de l'argent. Ses biens étaient hypothéqués, il ne trouva personne que des usuriers qui lui demandaient vingt-cinq pour cent. Il me conta ses peines et me dit :

— Je ne sais comment faire, il me faut cet argent ce soir, je dois à des gens que je connais à peine.

J'eus un moment de joie sauvage en pensant qu'il serait mon obligé et je lui fis cette proposition, où, je l'avoue, mon cœur n'était pour rien.

— Vous savez, lui dis-je, que mon grand-père est riche ; il a tenu cinquante-huit ans un hôtel. Le gouvernement vient de l'exproprier, il a reçu l'argent de sa maison ; si vous voulez, je vais vous faire prêter par lui les vingt mille francs dont vous avez besoin. Cela ne vous coûtera rien ou très-peu.

Il accepta.

Je revins au bout d'une demi-heure et lui remis vingt mille francs en coupons de rentes d'Espagne.

— Tenez, lui dis-je, payez tout le monde ; on

vous les prête, pour vous donner le temps de trouver de l'argent à des conditions raisonnables.

Il me promit de me les remettre au bout de huit jours.

Il recevait une fois par semaine — soit qu'il espérât se rattraper, soit qu'il voulût s'étourdir, il joua de nouveau et perdit encore.

Il avait dans son cabinet de toilette une boîte à bijoux à plusieurs compartiments ; dans celui du fond, les casiers étaient faits de manière à mettre vingt mille francs en rouleaux d'or. Robert avait reçu de chez lui dix mille francs, qu'il avait déposés dans ce meuble. Il avait placé à côté une bourse en perles d'acier, où il avait mis toutes sortes de monnaies d'or et des pièces étrangères de diverses grandeurs. Il pouvait y en avoir pour huit cents francs. Je regardais tout cela avec peine, car j'avais le pressentiment qu'il le perdrait encore. Il avait invité plus de monde que de coutume, quelques femmes, pour me distraire : Hermance, Brochet, P. M..., et une petite femme qu'un de ses amis lui avait amenée. Elle avait une belle voix, se destinait au théâtre et se disait élève de Duprez. Sa figure était dure, pourtant elle était aimable et me comblait de caresses. Etant arrivée la première, elle vint dans le cabinet de toilette m'aider à m'habiller. Elle ne jouait jamais. Vers les deux heures du matin, après le souper, elle demanda la permission de se retirer. Personne ne s'y opposa. A cinq heures tout le monde partit; Robert ouvrit sa boîte pour payer; la clé de cette boîte était attachée à la chaîne de sa montre qui se trouvait sur la cheminée; le verre en était cassé. Il prit quelques mille francs, paya, puis, quand il fut seul, il fit son compte.

Je m'étais endormie sur un canapé; il me réveilla et me dit :

— Vous avez pris la bourse qui était là...

— Moi! mais non, vous savez bien que je n'ai pas joué.

On chercha partout; on se perdit en conjectures. Une seule personne était restée : Robert ne pouvait pas douter des gens qu'il avait reçus. Il pensa aux domestiques. Comme le soupçon est affreux, et qu'il eût fallu renvoyer tout le monde, ou se méfier de tous, il me vint une idée.

— Écoutez, lui dis-je. A mon retour de Londres, Maria est venue me voir; elle voulait aussi savoir quelque chose, elle me proposa d'aller chez une somnambule. Je la menai chez Alexis Didier; je ne croyais en aucune façon au somnambulisme, et comme je lui en voulais un peu, je résolus de lui faire une méchanceté, me disant: S'il répond à la question que je vais lui faire, par exemple, je croirai. Nous partîmes. C'était jour de séance publique. Il avait beaucoup de monde ; je lui donnai des cheveux, je lui pris la main, et je lui demandai où était la personne à qui ces cheveux appartenaient. Est-il en France ? se porte-t-il bien ? Alexis se mit à rire et me répondit :

— D'abord, vous dites *il*, c'est *elle* qu'il faut dire ; ces cheveux sont ceux d'une femme, elle se porte très-bien, elle est ici, ce sont les vôtres.

Je regardai autour de moi effrayée ; pourtant je voulus encore une preuve, et je lui dis : Je crois que vous vous trompez.

— Non, me dit-il en riant plus fort, ce n'est pas mal inventé ce que vous faites ; vous venez d'entrer dans une chambre sombre, vous allumez une bougie, on vous attend à côté, vous fermez la porte pour que l'on ne vous voie pas ; vous vous coupez des cheveux ; tiens, vous les recoupez en petits morceaux ; les voici. Et il me rendit le papier que je lui avais donné.

J'étais étourdie de ce qu'il venait de me dire. C'était l'exacte vérité ; j'eus peur de cette puissance inconnue qui lisait la pensée. Maria me vit si pâle, si émue, qu'elle n'osa l'interroger, dans la crainte qu'on ne lui dît des choses que personne ne devait entendre.

— Je reviendrai, dit elle, quand il sera seul. Nous partîmes.

Je fus longtemps à me remettre, et comme je sentais que cela m'aurait influencé l'esprit, je me promis de n'y jamais retourner ; mais aujourd'hui, le cas est assez grave, et si vous voulez, nous irons le consulter de bonne heure et avant que personne ne connaisse encore ce vol.

Mon idée parut bonne et nous nous rendîmes chez Didier, rue Grange-Batelière, avec un ami de Robert qui assista à la séance.

Lorsqu'Alexis fut endormi, on lui présenta la boîte, fermée à clef, il désigna la couleur et la forme de l'intérieur ; le métal lui donna du mal à distinguer ; pourtant, il en vint à bout ; et dit :

— Il y a de l'or au fond. Vous venez d'en prendre dedans.

— Oui, lui dit Robert, mais une autre personne y a touché. Voyez bien.

— Menez-moi chez vous, dit Alexis, en faisant le geste d'un homme qui vous suit ; il dépeignit l'appartement et dit : Je vois une femme qui s'habille, elles sont deux, la plus grande sort. Celle qui reste est petite, brune, elle a une robe claire et un ruban rouge autour du cou. Elle se lisse les cheveux ; elle écoute à la porte ; elle prend quelque chose sur la cheminée, c'est une clé. Oh !

elle la laisse tomber, il y a quelque chose qui vient de se casser, c'est une montre. Elle se lève, elle ouvre votre boîte, elle prend sans regarder. Ce n'est pas de l'or qu'elle prend, c'est gris, c'est de l'acier, ah! je vois, c'est une bourse ; il y a dedans des pièces étrangères, de grandes pièces ; elle ne la met pas dans sa poche, elle l'attache sous sa robe au cordon de son jupon. Elle sort de la chambre, elle va près de la grande dame, elle n'est pas effrayée du tout.

— Pouvez-vous me conduire près d'elle ? demanda Robert, émerveillé comme moi de ce qu'il nous disait.

— Oui, dit-il, attendez.

Il fit tous les détours comme s'il marchait, puis nous dit :

— Nous voilà rue B. C'est la seconde porte en entrant à gauche, elle loge au quatrième. Oh! mais elle n'y est pas, il y a des femmes, sa mère et sa sœur, la robe d'hier est sur le lit.

— Mais elle, dit Robert, la voyez-vous ? Qu'a-t-elle fait de la bourse ?

— Attendez que je la suive! Tiens, c'est une actrice, non, ce n'est pas un théâtre ; il y a beaucoup de monde et l'on chante, elle va sortir.

Nous nous rappelâmes qu'elle nous avait dit être au Conservatoire.

— Venez, me dit Robert, je vais chez elle, l'argent m'est égal; mais il faut qu'elle me rende la bourse, elle me vient de ma mère.

Nous courûmes rue B. Il nous avait parfaitement indiqué. Il y avait deux femmes au quatrième qui nous prièrent d'attendre. Elle rentra presque aussitôt. Elle devint livide en nous voyant. Pourtant elle était hardie comme un page et elle nia effrontément. Robert lui dit que si, le lendemain, il n'avait pas la bourse, il la ferait arrêter. Ce fut elle qui nous fit une scène, elle voulait nous faire demander cent mille francs de dommages-intérêts...

Elle quitta Paris la nuit même, et resta quelques années sans reparaître.

XLII

Robert avait perdu une partie de l'argent qu'il voulait me rendre : il recherchait le monde. C'étaient tous les jours des dîners et des fêtes. Je ne lui disais plus rien ; je ne combattais plus ses prodigalités, je les partageais et quelquefois même je les encourageais. Quand il avait fait quelque extravagance nouvelle, quand il m'apportait quelque présent de grande valeur, je ne lui disais même pas merci. Parée de ses dons, radieuse dans mon orgueil, je me faisais un trophée de sa ruine. J'aurais pu m'appliquer un mot célèbre : « L'ingratitude est l'indépendance du cœur. » Je m'étais fait un petit raisonnement infâme, qui me dispensait des remords comme de la reconnaissance. Je me disais que ce que Robert ne me donnerait pas à moi, il le donnerait probablement à sa provinciale. Avec cette idée absurde, une femme jalouse et mal élevée boirait la mer pour ne pas laisser une goutte d'eau à un poisson.

Nous avions de nouveaux amis et amies... Mme Ré... femme très-élégante et très-adroite, était la voisine de Robert; elle nous invita à passer la soirée chez elle. Elle avait un appartement admirable; là était la plus grande partie de ses charmes.

Un jour, Az.... me fit un reproche de la voir.

Az.... est une charmante actrice, fille d'artiste; elle a été élevée dans les coulisses d'un théâtre, mais elle n'aimait pas les femmes de théâtre.

Quand la pauvre petite disait un mot, on l'appelait bête. Elle était si gentille! Il y a beaucoup de gens qu'on rend stupides avec cette phrase; on tue l'intelligence qui pourrait sortir de son enveloppe.

Quand Az.... fut femme, elle voulut se venger de ce qu'on lui avait fait. Elle devint très-acariâtre pour tout le monde, ne s'appliquant jamais qu'à dire des méchancetés de ses chères sœurs, comme elle appelait toutes ses camarades de théâtre. Moi qui l'ai étudiée, je sais qu'elle a un cœur excellent. Son père s'est remarié. Elle a des petites sœurs d'un second lit, qui ont perdu leur mère ; elle l'a remplacée, a fait élever les petites filles, qu'elle appelle ses enfants. Je l'ai vue se priver pour eux ; pourtant elle avait dix-huit ans : ce n'était pas la raison qui la faisait agir, mais bien son cœur.

Elle me disait donc à cause de Mme Rémi :

— Pourquoi vas-tu chez elle ? Je ne l'aime pas, moi, elle est trop heureuse au jeu. Dans le temps elle donnait des soirées. On jouait entre femmes ; elle gagnait toujours, et quand nous n'avions plus d'argent elle nous faisait jouer nos effets. Elle m'a gagné des boutons d'oreilles ; Brochet a perdu un très-beau cachemire ; c'est Sarah qui a le plus perdu chez elle. Aussi tout le monde la fuit.

Je fus étonnée de ce qu'elle me disait, et avant de le croire je m'en informai à d'autres. Tout le monde me répéta la même chose.

Robert donna un bal travesti ; il fut magnifique et me fit grand plaisir, car il me donna l'occasion de me lier avec la petite Page.

Il y avait quelque chose de si doux, de si langoureux dans ses grands yeux noirs, qu'ils me semblèrent être le miroir d'une belle et bonne âme. Je fus aussi enchantée de voir de près ces grandes sommités dramatiques : Mmes Octave, Nathalie, etc.

Nathalie n'était pas dans ses jours de gaieté ! je ne pus la juger à sa valeur. Ce jour-là son esprit ordinaire lui faisait défaut. Elle était venue pour chercher l'oubli d'un amour perdu, et comme c'était une passion littéraire, elle arrosa le bal de ses larmes. Je n'avais encore vu Mme Octave qu'au théâtre : c'était au moment de son grand succès dans *la Propriété c'est le vol.* C'est une belle personne et son caractère répond à la franchise de sa figure.

Je regardais toutes ces femmes avec curiosité. Je n'avais fait que les entrevoir de loin ; je les trouvai plus jolies de près ; mais c'était surtout au caractère de chacune que je désirais m'attacher ; elles étaient au moins cinquante.

Je m'arrêtai devant une Bretonne charmante ; c'était la petite Durand. Elle avait tout pour elle : jolie, bien faite. Je ne fus pas longtemps à m'apercevoir qu'elle le savait trop et que cela même me la rendrait antipathique. Je fis vis-à-vis dans un quadrille à une grande et belle personne. Je cherchais où je l'avais vue pour la première fois, et pour aider mes souvenirs je demandai son nom. On me dit : « C'est C..., une actrice des Variétés. »

— Elle est jolie, dis-je à Az... qui se trouvait près de moi.

— Tu la trouves jolie, toi? elle est bête comme un chou.

— Que tu es drôle, ma chère amie; quand même elle serait bête, cela l'empêche-t-il d'avoir une jolie figure?

— Et toi, tu es bien fatigante avec ta manie de trouver toutes les femmes jolies; moi, je les trouve toutes laides, et puis, si tu savais comme elles t'arrangent. Je m'étonne de les voir toutes ici.

— Voyons, Az..., tais-toi! Il faut être juste, c'est le moyen d'être vraie.

La danse s'arrêta au bout du salon. Robert fit ouvrir une fenêtre. C'était Mlle Page qui venait de se trouver mal; la chaleur l'avait suffoquée. Je pris soin d'elle; elle me remercia et me dit en se retirant :

— Vous seriez bien aimable de venir me voir.

Je le lui promis,

— Pauvre Page! disait une petite femme que je n'avais pas remarquée, elle se serre trop; c'est ce qui la rend malade.

Bonne âme! dis-je en moi-même, en entendant cette phrase d'un faux intérêt qui cachait une méchanceté.

—Viens-tu danser, Amanda? dit un grand jeune homme brun.

Je me plaçai derrière elle et la regardai longtemps. Elle était jolie de figure, quoique ayant le nez un peu trop long et les lèvres minces. Elle était petite, d'une maigreur grêle, elle était entortillée de tulle et habillée avec beaucoup d'art. On voyait ses bras, ses mains osseuses. Je fus malgré cela étonnée quand elle appela mademoiselle C... : Ma sœur. La nature avait tant fait pour l'une et avait été si avare pour l'autre, que je devinai sans les connaître, que A... devait envier B...

Ces fêtes donnée par Robert coûtaient fort cher. Il était triste quand nous étions seuls, et cherchait à s'étourdir.

Il s'était commandé un coupé à huit ressorts; il me le donna.

J'allai voir Page; j'en fis mon amie. Je ne m'étais pas trompée; elle était aussi bonne qu'elle était jolie.

Le temps passait et Robert ne me rendait pas cet argent que je lui avais prêté. Je commençais à m'inquiéter, car je me perdais avec lui.

XLIII

LES USURIÈRES DE L'AME. — UN DINER CHEZ
DE NOUVELLES CONNAISSANCES.

Robert avait affaire chez lui et partit en Berry pour deux jours.

Je fus engagée chez une actrice assez célèbre qui donnait un dîner de femmes.

Nous étions huit, je ne dirai pas les noms : car comme moi peut-être regretteront-elles un jour ces quelques années de leur vie. Je n'ai pas le droit de les leur rappeler.

Je les indiquerai donc par les numéros de leurs places.

Nous attendions dans un joli salon que le dîner

fût servi. La maîtresse de la maison ouvrit une porte à deux battants : nous vîmes une belle salle à manger ornée de vieux meubles de chêne, de chinoiseries, de peintures, de curiosités sur des buffets énormes ; cela ressemblait beaucoup à une boutique ; l'abondance y était, le goût manquait.

On se faisait des politesses les unes aux autres ; on se donnait des airs de grandes dames, pour se venger d'avoir mangé des pommes de terre dans sa jeunesse. Je n'étais à leur hauteur que sur ce dernier point, j'en avais mangé autant qu'elles ; mais je ne savais pas adoucir ma voix, prendre un lorgnon pour regarder dans mon assiette ; j'avais gardé mon vrai nom ; je ne posais pas à tout propos mon bras en guirlande, mes mains comme pour prendre un papillon.

Je savais bien que ces dames disaient : Elle manque de distinction — mais j'étais moi.

On vint annoncer que le dîner était servi.

— Mesdames, dit la maîtresse de la maison, j'ai marqué vos places.

Numéro 1 : Elle fit passer une grande belle fille à l'air doux et bête ; le numéro 2 était une petite, maigre, pincée ; le numéro 3, une grande ingénue nsignifiante ; le numéro 4, une provinciale ; le numéro 5, une femme qui avait dû être jolie dix ans plus tôt; le numéro 6, une bonne et simple fille qui n'aimait les violettes qu'en diamants; le numéro 7, moi; le numéro 8, la maîtresse de la maison, jolie blonde, quoiqu'elle n'ait plus d'âge.

Le dîner venait de chez Potel et Chabot. Il y avait deux maîtres d'hôtel qui m'embarrassaient un peu, car on paraissait ne pas vouloir se gêner pour causer.

— Oh! ma chère, dit le numéro 2, votre dîner sera détestable, avec les réchauds on mange froid. Chez moi, je fais servir à la russe, c'est très-bon genre. Ah! je n'aime pas ce potage; pourquoi n'avez-vous pas fait faire une bisque?

— Ma chère, répondit la maîtresse de la maison, c'est que vous avez oublié de m'envoyer votre menu.

— Ton argenterie est jolie, dit le numéro 1 en pesant une cuillère, mais j'aime mieux la mienne.

— Vous êtes bien heureuses, vous autres; moi je n'ai que douze couverts, dit en grognant le numéro 5; j'avais essayé de tirer une carotte à *mon époux* pour qu'il m'en donnât, ça n'a pas pris.

— Tu t'y es mal prise, dit le numéro 2.

— Ah! je voudrais bien te voir aux prises avec lui, reprit le numéro 5 ; il me faut intriguer un mois pour avoir une robe.

— Je crois bien, me dit tout bas le numéro 6, il ne sait comment se débarrasser d'elle ; elle le garde depuis quatre ans, en lui disant qu'elle est enceinte et qu'elle va se tuer, elle et son enfant, s'il l'abandonne.

— Ce que j'avais trouvé comme *truc* n'était pourtant pas si bête ; j'avais invité plusieurs de ses amis à dîner ; je lui dis le matin : — Mon Dieu, mon ami, je n'aurai pas assez de couverts ; si tu étais bien gentil, tu m'en donnerais. A quatre heures, il m'envoya une boîte, j'étais enchantée, ça ne dura pas longtemps, c'était son argenterie qu'il me prêtait. J'en ai été pour mes frais ; je ne connais pas d'homme plus dur à la détente que celui-là.

— Dame, répondit le numéro 4, c'est que vous n'êtes pas raisonnable ; il est très-bon pour vous ; il vous donne mille francs par mois et vous fait beaucoup de cadeaux.

— On vous en donne bien deux mille, à vous, répondit le numéro 5 avec aigreur, est-ce que vous croyez que je ne vous vaux pas ?

— Pour le caractère, non, dit le numéro 4 en riant.

— Ni au physique non plus, me dit le numéro 6, elle a au moins trente ans.

— Mais, continua le numéro 5 après une pause, je suis en train de lui préparer un chantage soigné ; vous savez qu'il adore les enfants ; je crois que si j'en avais un, il m'épouserait, tout marquis qu'il est. Eh bien ! je vais me mettre au lit, dire que je suis malade. J'ai trouvé quelqu'un qui dira que je suis grosse ; alors je pleurerai, je ferai tant qu'il faudra bien qu'il me fasse des rentes.

— Ce n'est pas mal inventé, s'il coupe dedans, dit le numéro 8 ; mais prends-y garde, il fait la bête plus qu'il ne l'est.

— Ah ! dit le numéro 4, comment peut-on désirer un enfant ! Je suis la plus malheureuse des femmes, parce que j'en ai un tous les ans.

— Oui, dit le numéro 2, en la regardant, mais tu as un moyen pour qu'ils ne te gênent pas.

— Tiens, dit le numéro 4, si je n'y mettais bon ordre, je serais gentille : j'en aurais sept. J'aurais l'air de la mère Gigogne.

Mon cœur se serra. Cette femme était une infâme. Elle commettait ces crimes pour garder son luxe ; elle ôtait la vie à de pauvres petits êtres, pour ne pas manquer une fête, un bal. Tout le monde le savait. Elle était la maîtresse en commandite de plusieurs gens du grand monde ; de ceux qui ne se souviennent qu'ils ont un beau nom que pour le ridiculiser par leurs modes, le salir par des vices, qui n'ont même pas la passion pour excuse.

Ils riaient à chaque nouvelle délivrance de cette femme.

— A propos, dit le numéro 8, j'ai reçu une lettre de Belgique ; il est en sûreté, j'en suis bien aise, c'est un bon garçon.

— T'en a-t-il donné, celui-là ! dit le numéro 6.

— Oh ! oui, répondit le numéro 8, c'est qu'il m'aimait bien.

— Ah ! fit le numéro 5, tu sais t'y prendre pour les pincer.

— C'est que j'ai joliment étudié l'homme, moi, répondit le numéro 8 avec importance en vidant son verre de madère.

Les vins étaient excellents. Les maîtres d'hôtel, que cette conversation amusait, versaient à plein verre ; les têtes commençaient à s'échauffer. Pour parler, on en disait plus qu'on ne voulait.

Moi, qui étais nouvelle parmi ces élégantes, j'écoutais d'un air stupide.

— Je crois bien, dit le numéro 4, qu'il fallait qu'il fût amoureux pour trouver de l'argent après

s'être ruiné. C'est égal, c'est heureux qu'il soit parti ;
il t'aurait compromise.

— Il n'y avait aucun danger pour moi, reprit le
numéro 8 en riant, si je l'avais fait moi-même, à
la bonne heure ; mais pas si bête !

— Que faisait-il donc, demandai-je à ma
voisine ?

— Comment, me dit le numéro 5, vous ne savez
pas cette histoire. Je vais vous la conter.

Elle s'approcha de moi et me dit à demi-voix.

— Elle avait pour amant un petit jeune homme
charmant et de très-bonne famille. Il ne l'aimait
guère au commencement ; petit à petit il en est
devenu fou ; elle le conduisait dans des ventes
publiques, où elle lui faisait acheter beaucoup de
choses. Souvent c'était des meubles ou des ta-
bleaux à elle, qu'elle avait envoyés. Il paraît qu'à
force de brocanter comme cela, ça devient une
passion. Elle ne lui demandait jamais d'argent ;
pourtant il fut ruiné en deux ans ; elle voulut le
renvoyer, mais il disait qu'il allait se tuer. Ce n'est
pas ça qui l'aurait fait le garder ; mais il la menaçait de commencer par elle ; elle trouva un moyen
d'arranger les choses ; elle donna des soirées pour
faire jouer ; on soupait bien : il y avait beaucoup
de monde ; on jouait au lansquenet ; elle se mettait
près de lui ; il faisait sa main après elle ; il passait

des dix, onze fois chaque coup. On poussait des hourrah autour de lui. Elle ne jouait jamais sur sa veine, et des gens perdaient des sommes folles, quoiqu'elle défendît toujours de jouer gros jeu. Elle acheta voiture, chevaux et redevint d'une tendresse sans égale pour l'instrument de sa fortune. Sa veine continua avec un bonheur insolent ; s'il n'eût pas été homme du monde, on l'aurait pris pour un grec. Il gagnait déjà plus de deux cent mille francs, quand un monsieur qui avait perdu beaucoup, s'aperçut que toutes les nuits notre amphitryon quittait sa toilette pour mettre une robe de chambre. Le monsieur eut un soupçon parce qu'elle ne voulait jamais changer de place. Elle disait : Je veux être près de *mon petit homme*, je lui porte bonheur. — Il vint se placer entre eux deux, et faisant semblant de plaisanter, il passa les mains sur ses deux poches. Il sentit un paquet de cartes.

— Qu'est-ce que vous avez donc là ? dit-il en les serrant dans sa main au travers de sa robe et en la regardant en face. Malgré son aplomb, elle devint livide ; tout le monde s'en aperçut.

— Moi, dit-elle, ce sont de mauvaises cartes que j'ai ôtées afin que l'on ne s'en servît pas.

— Ah ! fit le monsieur avec un sourire qui n'était pas de bon augure, montrez-les-moi donc.

Elle les tira vite de sa poche et les laissa tomber à terre; comme cela elles furent mêlées. Chacun murmura sans oser rien dire, pourtant tout le monde était sûr d'avoir été volé.

Son amant, qui ne se doutait de rien, disait tout étonné : — Eh bien! est-ce qu'on ne joue plus? Chacun répondit à son appel en prenant son chapeau. Cela le surprit, car elle lui passait les cartes. On assure qu'il ne savait pas qu'elles fussent arrangées.

Comme cette aventure faisait beaucoup de bruit, elle l'expédia à Bruxelles franc de port.

— Ah! lui dis-je, je me souviens avoir entendu conter cette histoire.

D'autres conversations étaient engagées, mais le n° 8, dont il était question, nous avait écoutées, et dit au n° 6 :

— Ma chère, vous avez un vilain défaut; c'est de toujours conter les affaires des autres et jamais les vôtres. Si j'ai de beaux meubles, vous avez de beaux bijoux; nous ne valons rien ni les unes ni les autres, tâchons donc de ne pas nous jeter de pierres entre nous, puisque nous sommes seules pour nous défendre.

J'aurais bien voulu savoir une petite histoire sur le n° 6, et je dis au n° 8 :

— Est-ce vrai tout ce qu'elle m'a dit?

— Non, me dit-elle, *puisque l'on ne l'a pas prouvé*; mais ce qui est certain et prouvé, c'est qu'elle, elle fait de l'usure avec les pauvres gens, elle prête à la petite semaine à la halle. Quand ses amants ont besoin d'argent, elle leur dit : Je connais quelqu'un qui vous en prêtera. Quelqu'un, c'est son frère. Il arrive et dit : « Je n'ai point d'argent pour le moment, mais je viens d'acheter des diamants superbes, si vous voulez, je puis vous les vendre. » Faute de mieux on les prend. L'amoureux souscrit des lettres de change ; elle garde tout, valeurs et diamants... et le tour est fait. En ce moment même, elle en tient un à Clichy, et vient d'avoir un procès avec les parents d'un autre.

— Que vous êtes drôle de parler de tout ça, dit en se levant le n° 2, qu'est-ce que ça fait ? quand ça réussit, tous les moyens sont bons.

— Certainement, dit le n° 1. Moi, je me suis fait faire soixante mille francs d'acceptations par le mien. Que son père *tourne de l'œil*, et vous verrez comme je le ferai mettre en cage s'il ne me paye pas. Mais je n'ai pas de chance, ce vieux tient à la vie comme l'écorce à l'arbre. Tous les jours, je me fais donner le bulletin de sa santé. Si j'étais bien sûre qu'on ne me fît rien, je lui donnerais une *boulette*.

Nous commencions à rire à tout propos; le mot *boulette* redoubla notre gaieté.

Le n° 1 ne disait pas grand'chose; le n° 2 lui dit : — Conte-nous donc ton histoire avec le Hongrois.

— Vous le voulez, dit-elle d'un ton calme, eh bien! figurez-vous, mesdames, que toutes les femmes couraient après lui, parce qu'il était très-riche. Mais il n'en gardait aucune. Je me suis dit : Il doit y avoir un moyen de le captiver; et j'ai questionné son valet de chambre; il m'a dit : « Monsieur est dévot, il va beaucoup à la messe. » J'y suis allée plusieurs fois; il m'a vue près de lui, il m'a dit que j'étais un ange égaré parmi vous, ça m'a valu de belles choses; seulement ça m'ennuie d'y retourner, parce que j'attrape froid aux pieds.

— A propos, dit-elle au n° 3, comment cela s'est-il passé avec ton homme marié?

— Bien, répondit le n° 3.

— Quoi donc? quoi donc? dirent en chœur toutes les femmes.

— Ah! dit le n° 3, j'étais avec un personnage qui faisait tant de mystère, qu'il me fatiguait. Je finis par savoir qu'il était marié, mais que sa femme n'était pas à Paris; je lui dis que je voulais aller à un grand bal, que je voulais avoir des boutons en diamant. Il cria misère, mais je lui annonçai que j'en voulais ou que je ne le reverrais jamais. — Eh bien, me dit-il, je ne puis en acheter, mais puisque c'est pour un bal, je vais t'en prêter. Il m'apporta des dormeuses magnifiques, qui étaient à sa femme. Je fus chez mon bijoutier, je fis enlever les diamants et mettre du strass en place. Je les lui rendis; il n'y prit pas garde. Au bout de quelques jours, sa femme revint à Paris. Je lui demandai de nouveau s'il voulait m'acheter des boucles d'oreilles; il refusa. Alors, je lui fis une scène affreuse.

— Ah! votre femme a des diamants et vous ne voulez pas m'en donner, eh! bien, je suis contente de ce que j'ai fait; c'était pour rire, mais je les garde; j'ai les diamants et elle aura du strass.

Il fit un saut en arrière, gronda, pria, menaça, et parut furieux.

— Tu n'as pas eu peur, lui dit le numéro 2.

— Non, je savais bien qu'il n'oserait rien faire, dans la crainte du scandale.

— C'est bien joué, dirent les autres, tu es d'une jolie force à présent.

Il était minuit, je partis avec le numéro 6, qui me dit en descendant:

— Je ne veux plus voir personne, j'aime mieux vivre seule; elles sont trop méchantes, une bonne fille comme moi est perdue au milieu d'elles. Pour moi, sous l'influence d'une exaltation momentanée, je les considérais toutes comme de grands hommes.

Rentrée chez moi, je m'endormis, étourdie de tout ce que j'avais entendu. Les mauvaises pensées poussent dans l'esprit, comme les mauvaises herbes dans un champ de blé. Si on ne les arrache pas, elles envahissent et tuent la récolte, comme les qualités du cœur. On peut toujours faire un pas de plus dans la voie du mal. Mon âme était trop mal cultivée pour que les mauvais conseils n'y germassent pas bien vite. Ma tête travaillait, je voulais aussi avoir une histoire à raconter, la première fois que je me retrouverais avec ces dames. Oh! me dis-je, mais j'ai aussi fait mes preuves ; Deligny est en Afrique, Richard en Californie, Robert se perd. On a souvent vu, j'ai vu moi-même des misérables attachés au pilori, exposés en place publique, rire et être contents de leurs infamies, parce qu'on parlait d'eux. D'autres, exposés près d'eux, pleuraient et cherchaient à cacher leur figure ; ils avaient commis le même crime, puisqu'ils subissaient la même peine. Les uns faisaient horreur, les autres pitié. Si j'avais regardé ma vie et mon caractère passés, j'aurais vu que dans ce temps-là j'appartenais au vice honteux, mais pardonnable, car il ne faisait tort qu'à moi. C'était la corruption sans masque; on la voyait, et ses complices de quelques heures ne craignaient rien pour leur avenir. Mon nouveau genre de vie était moins méprisé par le monde. C'est une injustice. Ce qui porte le nom de femme entretenue est la sangsue du cœur, l'usurière de l'âme.

Les hommes, qui ont créé cette milice de l'enfer, sont fiers de leur ouvrage et mettent ces démons sur un piédestal. A pied, on ne les verrait pas, ils leur donnent de magnifiques équipages pour qu'elles dominent, en passant dans les promenades, leurs mères, leurs sœurs; quelques-unes, encouragées par ces faiblesses, jettent en en passant un défi aux honnêtes femmes. Ces créatures sont ignobles, leurs créateurs sont infâmes; ils ont perdu ces âmes sans retour, mais la peine du talion les attend. Ces appartements, qu'ils ont faits si beaux, c'est la tombe de leur fortune; ils y laissent tout, jeunesse, avenir, honneur. A un moment voulu, les rideaux de dentelle de soie se changent en linceul, les roses en soucis, les parfums en poison. Alors, le malheureux qui s'est aventuré dans cet abîme gémit; sa maîtresse lui apparaît, c'est un automate; Dieu lui a repris la vie qu'il lui avait donnée en la créant. Le diable lui a donné la parole, le mouvement, elle ne pense plus. C'est lui qui agit en elle, et elle dit à l'amant qui pleure :

— Comment, vous êtes encore là, je vous avais fait dire de sortir.

Le condamné prie, rappelle ce qu'il a fait, ce qu'il a sacrifié.

— Pourquoi l'avez-vous fait ?

— Parce que je vous aimais !

— Eh bien, alors, dit la maîtresse en s'éloignant, je ne vous dois pas de pitié, car c'est à vous que vous vous êtes sacrifié. Puisque vous n'avez plus rien, allez-vous-en.

Il voit clair alors, il voudrait renverser son idole, mais elle l'écrase sous les pieds de ses chevaux.

Celles qui en sont arrivées là, c'est l'orgueil qui les a poussées, c'est l'orgueil qui les punit. Elles ne s'arrêtent pas, elles ne voient pas poindre la ride à leur front ; elles ont fini ou finiront à l'hospice, en prison ou à la Morgue ; elles trouveront leur châtiment dans leur avenir, mais leur passage a laissé un sillon terrible pour la société.

Que ne faisais-je alors toutes ces réflexions ? C'est que depuis le jour où j'avais voulu me tuer chez Robert, le démon s'était emparé de moi ; j'étais devenue méchante ; ingrate, je me trouvais une excuse à tout; enfin j'acquis bientôt la triste célébrité d'être une femme dangereuse. On me reprocha moins cela que d'avoir dansé et de m'appeler Mogador. Si un jeune homme me faisait la cour ou me parlait, ses parents le faisaient partir. J'étais fière d'inspirer cette terreur.

XLIV

UNE FOLIE.

Je fus chez Robert. Il était de retour. Il avait eu de grands ennuis chez lui pour ses affaires, n'avait pu se procurer d'argent, et sa tristesse annonçait assez ses préoccupations.

Il cherchait à vendre sa terre, car il avait emprunté dessus près de trois cent mille francs ; bien qu'elle en valût huit cent mille, les intérêts absorbaient les revenus. On lui en avait offert six cent mille francs, il avait refusé. Je l'avais prié de me rendre de suite cet argent prêté pour ses dettes de jeu. Il ne le pouvait pas.

Un jour, me voyant toute pensive, il me demanda ce que j'avais.

— Je pense à l'avenir, je voudrais bien te demander quelque chose, mais j'ai peur de te fâcher.

— Moi, pourquoi diable veux-tu que je me fâche ?

— Parce que je sais que tu n'as pas d'argent et que c'est mal de t'en demander.

— Eh bien! me dit-il, toujours avec sa fierté hautaine, j'en ferai, si je n'en ai pas ; combien te faut-il ?

— Mais je voudrais avoir ce que tu me dois, ou bien une garantie, s'il t'arrivait malheur! tout le monde est mortel, je perdrais tout ce que j'ai.

— Comment, cet argent est donc à toi ?

— Oui, lui dis-je.

— Pourquoi m'as-tu trompé en me le donnant? me dit-il en devenant pâle comme la mort.

— Parce que tu ne l'aurais pas accepté, si je t'avais dit : — C'est à moi.

— Oh! Céleste, c'est mal ce que tu as fait là, tu m'as fait le complice d'une infamie; cet argent te vient...

Il n'acheva pas, une grosse larme coula sur sa joue...

— Oh! si j'avais su, dit-il, se levant enfin, je ne puis te les rendre de suite, il faudrait vendre.

Demain je chercherai. Je vais aller chez mon homme d'affaires.

Ses démarches avaient été vaines, il était profondément triste.

Après le dîner, je lui demandai s'il voulait sortir.

— Non, me dit-il, nous avons à causer. Tu as raison de penser à l'avenir, mais je suis un misérable d'avoir pris cet argent; tu t'es cruellement vengée; il faut que je te le rende de suite; depuis que je sais d'où il vient, je ne vis plus. Je souffrirai de te quitter, pourtant il le faut. Je vais tâcher de me marier, sans cela il me resterait à peine de quoi vivre, ma terre vendue. Je ne puis te donner une hypothèque chez mon notaire, ma famille le saurait, on croirait que c'est un cadeau que je te fais, on crierait; cela gênerait mes projets. Voici ce que je te propose. Je vais te faire des lettres de change, sitôt que je le pourrai je te les payerai; si à l'échéance je n'étais pas en mesure, tu prendras un jugement et je te consentirai hypothèque. Il faut que je parte dans quelques jours, je vais faire un petit voyage à Lyon, je ne puis garder cet appartement. Demain nous irons chez le propriétaire, je le prierai de t'accepter pour locataire à ma place, j'espère qu'il ne me refusera pas; tu viendras demeurer ici, puisque ce logement te plaît.

— Et le mien, lui dis-je, que vais-je en faire? Car pour être plus près de chez lui, j'avais loué rue Joubert un petit pavillon, très-joli, mais un peu triste.

— Eh bien! me dit-il, tu le loueras.

Deux jours après, le bail était à mon nom.

Ma mère avait été malade, elle était seule et venait me voir assez souvent. J'eus peur de me laisser aller à quelque nouvelle faiblesse. Je passai mes valeurs à l'ordre de ma mère, en lui recommandant de ne me les rendre sous aucun prétexte. C'était la fortune de ma petite fille adoptive.

Je trouvai l'occasion de louer mon logement et de vendre tout mon mobilier. J'avais le cœur gros de vendre des grands ouvrages de tapisserie qui me rappelaient mon séjour en Berry. Mlle Amanda, c'est elle qui voulait acheter mon mobilier, en avait grande envie et me faisait toutes sortes de flagorneries.

Robert m'engageait beaucoup à accepter. Il me donnait tantôt une raison, tantôt une autre, mais le vrai motif, c'est que tout me venait de Richard et que cela lui déplaisait. Poussée par l'un, tourmentée par l'autre, je vendis ce petit pavillon-hôtel vingt mille francs. Il était meublé d'une façon charmante, belles pendules, tapis dans toutes pièces, meubles en chêne et bois de rose; pianos, orgue, rideaux; tout y était complet.

On me régla à trois ans.

Robert partit.

Toute à mes intérêts et à mon emménagement, je m'aperçus à peine de son absence; pourtant il me quittait pour se marier, peut-être n'allais-je plus le revoir. Je fus quelques jours sans lui donner un regret. J'allais chez l'une, chez l'autre; les heures s'envolaient comme un songe.

Une de mes nouvelles connaissances, que j'avais amenée chez moi, aperçut ma filleule.

— Tiens, me dit-elle, c'est une bonne idée que vous avez eue là, vous semez pour récolter; elle sera jolie, il faudra en faire une danseuse; elle gagnera de l'argent et vous rendra ce qu'elle vous coûte.

Je me sentis passer un frisson, il me sembla voir la mère, l'entendre me répéter le serment que je lui avais fait, et je répondis: —Non, jamais je n'en ferai une danseuse; elle sera riche, mais si j'étais obligée de lui donner un état, ce ne serait pas celui-là.

— Oh! dit-elle en riant, est-ce que vous craignez les faux pas?...

Je ne répondis rien et nous partîmes.

Je m'arrêtai place de la Madeleine, et je montai chez Mlle Page.

Je venais de rompre moralement avec mes autres connaissances. Ce mot cynique qu'on venait de me dire au sujet de ma fille adoptive m'avait bouleversée. On pouvait donc croire que je l'élevais pour la vendre, la perdre; cette pensée me faisait si mal que je ne pouvais retenir mes larmes.

La pauvre petite Page ne me consola pas par sa gaieté. Elle souffrait au cœur; sa vie était dominée par une grande passion qui la ravageait physiquement et moralement; elle était amaigrie, ses joues étaient pâles, ses yeux brillants encore, parce qu'ils étaient pleins de larmes. Elle était malheureuse en tout; elle avait une petite fille qu'elle voyait mourir de langueur; l'art était impuissant. La pauvre petite poitrine de cette enfant râlait toujours; la mort venait à pas lents, comme pour déchirer plus longtemps le cœur de la pauvre mère; souvent je l'ai vue, en dînant chez elle, laisser tomber son pain, regarder sa fille en extase, puis pleurer sans faire un mouvement. Elle ressemblait à une belle statue de la douleur; mon cœur partageait sa peine, et je m'y attachai comme à une sœur. Ce n'étaient pas ses seuls chagrins; elle était si jolie, si mignonne;

sa voix était si douce, que comme femme et comme actrice le public l'adorait.

Aussi était-elle jalousée de ses camarades de théâtre, qui ne savaient qu'imaginer pour lui faire des méchancetés. La santé de Page était délicate et j'avais peur de la voir tomber malade.

Pour pouvoir vivre plus près d'elle, il me vint une idée, j'étais seule, je disais : Robert ne reviendra pas.

— Allons, me dis-je ; cela me distraira. Et je demandai à Page de me faire entrer aux Variétés.

Elle me présenta à M. C..., directeur; il promit de m'engager; je lui écrivis que je voudrais que cela fût fait de suite. Il me fit revenir à son cabinet ; il n'est pas assez beau physiquement, pour que je vous fasse son portrait. Ce jour-là il ne me parut pas trop maladroit: il me fit signer un engagement où il me donnait douze cents francs d'appointements, avec un dédit de vingt mille francs.

Ces demoiselles crièrent beaucoup de mon admission.

Ce fut pour la pauvre Page une source de mauvais propos auxquels elle ne prit pas garde, car elle savait bien avoir en moi une véritable amie.

On me donna deux rôles dans la *Revue de cin-*

quante et un; j'étais en répétition quand Robert arriva de Lyon.

— Eh bien, me dit-il, je ne pourrai jamais me marier; j'ai été refusé net à cause de toi, je n'ai plus qu'un parti à prendre, je vais vendre mes chevaux, mes chiens, réformer les trois quarts de ma maison et nous resterons ensemble.

— Mais, mon ami, je ne puis retourner avec vous; croyant que vous ne reviendriez plus, je suis entrée dans un théâtre, j'ai un dédit et je répète. C'est du reste une bonne résolution que vous prenez là de vendre beaucoup de choses; moi-même je ne puis soutenir ce train de maison; vendez la calèche, le grand coupé que vous m'avez donnés et deux chevaux; plus tard je vendrai mon petit coupé et la petite voiture.

Il parut fort contrarié de mon engagement, mais il ne me fit pas de reproches. Il vendit ses chevaux, ses voitures et ne resta à Paris que quelque temps.

Amanda me demanda si je voulais vendre des bijoux, que j'en avais trop, et puis que je devais en être dégoûtée. Je lui répondis qu'on ne se dégoûtait pas de ces choses-là, que j'étais assez raisonnable pour consentir à m'en défaire si je trouvais une bonne occasion.

— Eh bien, me dit-elle, vous n'en trouverez

jamais une meilleure ; on vous payera dans trois ans avec vos meubles, réfléchissez bien que cela vous fera un beau capital.

Je consultai Robert, qui me répondit : — Cela vous regarde ; il me semble que vous ferez bien.

J'avais vingt-cinq ans, je voulais que ma petite fille fût riche ; je consentis. Je donnai les factures, je vendis un peu moins que cela n'avait coûté ; seulement je fis trois ans de crédit sans intérêts.

Page m'approuvait.

Un soir, Robert me dit :

— J'ai rencontré un jeune homme que je connais, le pauvre garçon m'a fait de la peine ; il est désolé, on va l'arrêter. Je pourrai peut-être empêcher cela, car c'est mon bijoutier qui le poursuit ; je l'ai fait demander.

— Prenez garde, lui dis-je, de vous mettre une mauvaise affaire sur les bras ; vous savez mon opinion sur votre bijoutier. C'est un fin renard, méfiez-vous...

Hélas ! il ne tint pas compte de ma recommandation ; quelques jours plus tard, tout était consommé. Robert avait répondu d'une somme de vingt mille francs pour un homme qui n'était pas solvable. Je le grondai pendant huit jours ; il me répondit que ce pauvre jeune homme voulait se tuer.

— Enfin, lui dis-je, quoi qu'il en soit, vous avez été joué.

Robert partit pour la campagne, je le priai de surveiller ma petite maison, je voulais faire bâtir à côté de la locature un pavillon; Robert m'engagea, à cause de la position près de la forêt, à construire un rendez-vous de chasse, que je pourrais toujours louer un bon prix jusqu'au jour où je l'habiterais.

Je lui dis que je m'en rapportais complétement à lui, et que tout ce qu'il ferait serait bien fait.

Il partit et je débutai. J'étais toujours mauvaise. J'avais aussi peur qu'aux Folies. Page m'encourageait, elle me donnait de si bons conseils que j'étais forcée d'en profiter. Les journaux prenaient la peine de m'abîmer; ils disaient que mes pas avaient vieilli. Enfin, j'avais à peine vingt-cinq ans, et ils m'envoyaient aux Invalides. Quelques-uns s'imposèrent à moi; plus ils sont petits, moins ils ont d'abonnés, plus ils sont méchants; si on ne souscrit pas, ils vous abîment. — Arnal et Déjazet ne sont pas à l'abri de leurs morsures. C'est une lourde charge pour les pauvres artistes qui gagnent leur vie avec bien de la peine, et qui sont obligés de s'abonner à trois ou quatre mauvais journaux qui disent tous la même chose. Le journal *le Corsaire*, ce chien hargneux de la littérature, me mordait au sang.

Celui qui se déchaînait le plus après moi faisait aussi des pièces ; j'avais la consolation de me dire : Il est plus mauvais auteur que je ne suis mauvaise actrice, car on le siffle et moi on ne me siffle pas.

J'allais jouer une nouvelle pièce, *Paris qui dort*. M. C... me dit :

— Il faut absolument que vous alliez voir M. J...; il est mal disposé pour vous.

— Dame ! que voulez-vous que j'y fasse, s'il ne m'aime pas, je ne puis forcer son goût.

— Si, me dit-il, il faut y aller dans l'intérêt de la pièce, il vous recevra bien.

— J'en doute, je n'ose pas.,.

— Si, si, reprit M. C..., faites-le pour moi.

— Eh bien, pour ne pas vous désobliger ; j'irai.

Je fus le même jour chez Amanda qui le connaissait beaucoup, puisqu'elle était toujours dans sa loge les jours de première représentation. Je la priai de me recommander à son ami. Hélas ! j'oubliais que je l'avais obligée, et qu'à partir de ce jour-là, elle ne pouvait plus me souffrir, c'est l'usage. Elle n'en fit rien, ou fit le contraire.

J'entrai chez M. J..., le cœur décroché d'avoir monté ses cinq étages, et terrifiée de peur à l'idée de me trouver en face d'un si grand écrivain. Il me reçut en parlant à son perroquet avec qui il continua la conversation.

Je perdis contenance, et il me fallut bien des efforts pour lui dire :

— Monsieur, je sais que vous êtes prévenu contre moi. Mon passé me condamne dans votre opinion ; pourtant, je voudrais travailler sérieusement le théâtre ; votre jugement a tant de poids, je viens vous supplier de ne pas dire de mal de moi. Plus tard, si à force de travail j'arrive, je vous remercierai de ne pas m'avoir écrasée au départ.

— Ah ! me dit-il, mademoiselle, j'en suis fâché, mon feuilleton est fait, et d'ailleurs je ne passerai certainement pas sur le mot : *Il faut du chique pour les pincer*, que vous dites dans votre rôle.

— Mais, monsieur, ce n'est pas moi qui ai fait la pièce.

Son air glacial m'avait bouleversée, et je sentis des larmes rouler dans mes yeux.

Il me trouva sans doute ridicule ; mais il fit des changements à son feuilleton. Je l'avais échappé belle.

Victorine vint me voir le lendemain.

— Ah ! ma chère, me dit-elle, vous vous êtes fourrée en enfer ; quand il faut vivre avec les journalistes, avec les auteurs, avec les acteurs, autant vaudrait prendre un billet de logement à la barrière du Combat, dans la niche des chiens. On serait moins mordu, moins déchiré.

— Connaissez-vous Vervenne, qui a été un peu au Vaudeville, il y a quinze ans ? Elle m'a dit l'autre jour qu'elle était engagée aux Varietés. Je vous la recommande, celle-là ; si jamais elle vous fait une méchanceté, ce qui pourrait arriver, demandez-lui de montrer devant tout le monde le bas de ses jambes, et vous serez vengée. Un jour je suis allée la voir, on m'a fait attendre une heure ; j'allais m'en aller, quand sa femme de chambre me dit mystérieusement : —Attendez encore cinq minutes, madame finit de sécher.

— Comment, sécher ?

— Oui, madame fait sa figure avec du blanc liquide, alors faut qu'elle sèche.

Robert, depuis mon entrée au théâtre, était venu plusieurs fois à Paris. Il avait vainement cherché à me remmener.

Je trouvais dans la vie de théâtre une distraction, un mouvement qui ne contribuait pas peu à me le faire oublier.

Voyant que je ne voulais pas absolument retourner avec lui, il prit sa terre en dégoût et la mit en vente. Il m'écrivait lettres sur lettres ; ces lettres étaient tour à tour tendres, bonnes, méchantes, brutales ; elles m'irritaient au point que mille fois je le priai de ne plus m'écrire. Alors, il se répandait en plaintes, en lamentations. Malgré mon parti bien arrêté de rompre avec lui, je trouvais encore dans les souvenirs du passé de bonnes paroles pour lui inspirer du courage et pour l'amener doucement à cette séparation.

« Du courage, lui disais-je, mon cher Robert, il faut sortir de là, il y a eu trop de choses entre nous pour que nous puissions être heureux désormais. Il faut que tu penses à ta fortune, à ton avenir ; je souffre de cette séparation. Mais il faut faire mentir ceux qui disent que tu touches à ta ruine. Ne donne pas ce plaisir à tous ces gens qui sont jaloux de toi. Je ne suis plus que ton amie, je fais des vœux pour ton bonheur.

» CÉLESTE. »

Il me répondait :

« Je n'ai besoin ni de vos conseils, ni de vos avis ; je ne suis plus assez riche, vous ne voulez plus me voir ; soit ! vous n'entendrez plus parler de moi. »

Six heures après, je recevais une autre lettre.

J'avais reçu d'un auteur, M. Philoxène, une invitation à un bal qu'il donnait à l'occasion du réveillon. Je n'avais pas envie d'y aller; mais tous mes camarades me dirent d'y venir, que ce serait très-amusant, qu'il y aurait beaucoup d'artistes.

Je mis une robe décolletée, les bijoux qui me restaient; un ami m'envoya un bouquet, que je pris pour ne pas le désobliger, car cela m'embarrasse généralement.

Quand j'entrai dans le salon, je fut toute désappointée. Il y avait beaucoup de monde, toutes les actrices des Délassements-Comiques et des Folies-Dramatiques; elles étaient en toilette de ville, c'est-à-dire en robes montantes. Tout le monde me regarda comme une curiosité. J'étais on ne peut plus gênée. Il ne restait qu'une place où je pusse m'asseoir; je priai un monsieur de m'y conduire, me promettant bien de n'en pas bouger de la soirée.

Sur ce même canapé, il y avait une dame en robe rouge. Je ne regardai pas sa figure et je me plaçai à côté d'elle; mais elle se leva, fit un bond au bout du salon, comme si je l'avais brûlée.

Tout le monde se regarda.

Je reconnus Mlle Judith. Je devins plus rouge que sa robe.

Tous ces messieurs s'empressèrent autour de moi pour me venger de cette malice. Cela me procura le plaisir de faire la connaissance de M. Henri Murger, et je commençais à savoir gré à ma voisine d'avoir quitté sa place. Je gagnais au change.

Ses amis lui firent des reproches de cette brusquerie ; elle se mit à bouder.

Vers la fin de la soirée, M. Murger écrivit sur le fond de son chapeau un couplet sur chacun des convives qui restaient. Il mit ces couplets sur l'air d'une romance de Quidant.

  Dans la galère nous étions vingt rameurs.

Il me vengea en faisant ceux-ci pour moi :

>Pour vexer la comédienne
>Qui n'a que des bijoux en toc,
>Céleste qui dans le Maroc
>Jadis a choisi sa marraine,
>Derrière un jardin tout en fleurs
>S'avance en princesse hautaine.
>Dans les salons de Philoxène
>Nous étions quatre-vingts rameurs.

>Dans le marbre de ses épaules,
>Golconde incrusta ses écrins,
>Visapour constella ses mains,
>On dirait une nuit des pôles.

> En voyant toutes ses splendeurs,
> Judith va bouder Holopherne.
> Dans les salons de Philoxène
> Nous étions quatre-vingts rameurs.

J'étais toute fière que l'auteur du *Bonhomme Jadis*, de la *Vie de Bohême*, eût un instant laissé courir son crayon et sa pensée sur mon compte. Il avait, en une heure, fait quarante couplets sur ses amis ; j'en avais deux, trop aimables sans doute.

Décidément, les dédains de la jolie juive m'avaient porté bonheur.

J'allais jouer une nouvelle pièce, quand je reçus cette lettre de Robert :

« Céleste, je ne puis vivre ainsi. J'ai trop compté sur mon courage, je ne puis vivre sans vous. Écoutez ce que je vous propose. Si vous avez eu de l'amour pour moi, il a duré ce que dure un feu d'artifice, une fusée, un rêve, une fête de nuit. Tout a brûlé et je suis écrasé; j'ai le cauchemar, il me poursuit; je me réveille la nuit en sursaut, je crois t'entendre chanter gaîment à table, au milieu des gens qui n'ont que des désirs sans amour, et qui te disent : — Je t'aime ! je t'aime ! — Sais-tu ce que c'est que d'aimer comme je t'aime ? C'est de la folie ! Je suis fou, je t'offre plus que ma fortune, je t'offre ma vie, mon *nom*, mon honneur. Je vais réaliser ce que je possède. Je vends ma terre dans quelques jours, nous pourrons être heureux loin d'ici. Ne me refuse pas; j'ai bien réfléchi. Je n'aurai jamais un regret, si tu me rends heureux.—Réponds-moi de suite.

» Robert. »

Je ne pouvais en croire mes yeux. Je relus cette lettre vingt fois. J'en étais si étourdie que je ne pus répondre de suite. Mon orgueil me criait : — Accepte ! Mon cœur me dicta la lettre suivante :

« Mon cher Robert, je vous renvoie cette lettre, dont je suis indigne et qui ne peut être adressée à une femme comme moi. La douleur et l'isolement ont égaré vos esprits. Que de regrets vous auriez quand la fièvre, qui vous conseille, serait passée. J'ai pu vous suivre dans une vie de dissipation, cela n'a fait de tort qu'à votre fortune ; mais vous prendre votre honneur, votre nom. Ah ! mon ami ! brûlez cette lettre, c'est celle d'un insensé.—Oubliez-moi, je vous ai toujours dit que je ne me marierais jamais. A cette époque, vous me disiez en riant : — Pas même avec moi ? et je vous répondais : — Moins avec vous, Robert, qu'avec un autre, à cause de mon passé et de votre caractère violent ; votre couronne de comte me ferait une couronne d'épines ; je ne pourrais plus regarder ces pauvres réprouvés avec lesquels j'ai vécu, et je n'aurais jamais le droit de regarder une honnête femme. — Un reproche, et je me tuerais. — Je vous disais cela, il y a quatre ans, je vous le répète aujourd'hui ; vous me remercierez plus tard. Il y a deux routes : la vôtre et la mienne ; laissez-moi Mogador, restez Robert de ***. — Sortez de cette crise, que vous oublierez avec un peu de courage, je serai toujours votre amie.

» CÉLESTE. »

XLV

DÉPART.

Je n'avais pas de secrets pour Page. Je lui contai ce que je venais de faire.

— Tu as peut-être eu tort, me dit-elle.

— Non, il m'aurait fait payer cher sa faiblesse; toutes les scènes que j'ai eues avec lui ont effeuillé mon amour. Je ne le rendrais pas heureux. Je suis au théâtre, j'y reste. Je vais travailler avec ardeur. Je ne serai heureuse que le jour où je pourrai vivre indépendante. J'aurai une petite fortune, mais il me faut attendre encore quelques années. Je voudrais que Robert prît le parti de voyager. Il va vendre ses biens. J'ai peur qu'il ne se fasse illusion; enfin, il lui reste des parents riches, il ne sera jamais malheureux, au lieu que moi, quelle perspective aurai-je? le suicide!

Six jours plus tard, je reçus une nouvelle lettre de Robert; cette lettre était longue, terrible, et me porta un coup dont je fus bien longtemps à me remettre.

« Oh! fou! mille fois fou, celui qui croit que, parce qu'on a tout donné, on se souviendra de vous; ce que l'on vous donne en échange, c'est un conseil, c'est un peu de pitié. On vous dit: Pardon de vous avoir fait souffrir, oubliez-moi, ayez du courage, travaillez à tout réparer; voilà le souvenir qu'on vous garde... Et puis la lettre terminée, la corvée finie, on rit, on fait de nouvelles amours... Le pauvre fou courbe la tête sans se plaindre, car se plaindre est une lâcheté... J'avais tout, fortune, jeunesse; j'ai tout jeté au vent. Il ne me restait que mon nom à vous offrir, c'est trop peu... Honte et infamie sur moi! J'ai tout sacrifié pour vous, et vous allez jusqu'à me reprocher ma faiblesse. J'ai été stupide, n'est-ce pas, de vouloir faire de vous une femme de cœur? J'espérais un mot de vous, vous avez bien fait de ne pas m'écrire. Vous n'avez même plus l'effronterie de me mentir par lettre.

» Misérable nature que la vôtre! vous que j'ai entourée de tous mes soins pour faire oublier votre nom, vous à qui j'offre l'oubli du passé, je viens de faire bénir votre maison... Oh ! je vous vois rire d'ici, vous dont le cœur ne peut comprendre un bon sentiment. Votre prédiction sera accomplie : vous ne m'aurez quitté qu'avec mon dernier sou. Je viens d'apprendre ma ruine... Un homme d'affaires à qui j'avais donné un pouvoir en blanc pour vendre un domaine pendant mon absence, abusant de ma confiance, vient de vendre ma terre pour la moitié de sa valeur. Combien a-t-il reçu ? Je l'ignore ; pour moi je suis perdu.

» Je vais partir et ne reviendrai que quand, fatiguée, honteuse de ces ignobles hommages, que vous recherchez et pour lesquels vous m'avez sacrifié, vous me rappellerez. Je tâcherai de vous faire oublier les souillures de votre cœur. Allez, Céleste, que toutes mes larmes retombent sur votre existence, comme des larmes de feu. Je vous ai aimée, comme on aimerait un ange. Dieu me punit; je vous quitte sans haine. Il ne me reste qu'une vie pauvre, isolée, dont je me délivrerai. Ma cervelle rejaillira jusque sur votre robe de théâtre et votre lit de plaisir. En vendant mes biens, j'avais fait porter chez vous mes papiers et mes portraits de famille. Je vais partir, y laissant tout, jusqu'à mes effets personnels. Vendez-les, car tout souvenir de moi serait un remords. Je n'irai pas à Paris, je ne veux pas vous donner la jouissance d'une destruction morale et physique.

» Je vous offrais mon nom, je ne vous reverrai jamais comme ma maîtresse. Vous auriez pu être ma bonne étoile; vous ne m'avez pas trouvé digne de vous. Fou que j'ai été de croire à de bons sentiments, qui, chez vous, étaient gâtés le jour où vous veniez au monde. Le 10, je pars pour l'Afrique.

» Je veux oublier, oublier, car les souvenirs comme les miens tuent. Vous, vous irez en Russie. Comme les femmes y sont heureuses ! Peu d'amour et beaucoup d'argent ! Votre théâtre doit faire monter vos actions. On se dira : C'est Céleste Mogador! Son Robert est ruiné, il est parti pour l'Afrique. Je vous ai donné une bonne devise pour votre voiture, c'est une recommandation pour les passants.

» La passion que j'ai pour vous est une énigme pour tout le monde, pour moi-même; pour aimer, il faut estimer, et je vous méprise. Cette lettre est bien longue, c'est la dernière, c'est le chant du cygne, car pour moi la vie est finie. Il est bien permis à un homme qui meurt de jeter un regard en arrière. J'étais né pour être aimé, car j'avais le cœur plein de tendresse et d'amour; j'avais besoin d'être aimé, mon cœur est brisé, ma vie est finie... Plus d'amis, plus de parents, je m'en vais bien loin. J'espère y trouver la mort ou y reconquérir, à mes propres yeux, une estime qu'on ne peut plus avoir pour moi. Le monde est sévère, mais il est juste. Je ferai mon devoir en honnête homme, et il me pardonnera mon passé. Quant à vous, continuez longtemps cette vie de plaisir ; tâchez que cette nuit n'ait pas de matin, car le réveil sera affreux. Vous connaîtrez alors l'abandon ; il ne vous restera plus rien que la misère, la vieillesse hideuse !... Cette enfant que vous élevez vous méprisera... Vous verrez comme elles sont longues les nuits qu'on passe à pleurer... Ne m'écrivez plus !

» ROBERT. »

Jamais je ne pourrai exprimer ce que j'ai souffert à la lecture de cette lettre. Je restai plusieurs heures en larmes ; mon cœur était nâvré, abattu. Il me fallut faire sur moi-même un grand effort pour répondre :

« Je souffre bien, mon cher Robert, et je dois supporter tous vos mauvais traitements ; vous me plaindrez. Il y a deux jours, vos lettres étaient tristes, mais bonnes ; aujourd'hui, vous m'accablez sans un motif de plus. Le premier jour où je vous ai connu, je vous ai dit mon caractère. Vous dites que je ne vous ai pas aimé, vous savez bien le contraire, et pourtant, quand vous me faisiez pleurer et souffrir par votre froideur ou quelque vérité qui me blessait mortellement, bien que vous vinssiez me combler après de bontés et de caresses, je me révoltais, et chaque jour, j'arrachais petit à petit cet amour qui tenait encore toute ma vie. Je vous voyais faire des extravagances pour des chevaux et des chiens. J'étais jalouse du plaisir qu'ils vous donnaient loin de moi. Je sais bien que, pour arranger tout cela, vous me disiez de vous suivre à la chasse; je n'en avais pas la force; je me déchaînais après un plaisir que vous me préfériez, du moins en apparence. Mon ambition était bien modeste alors; je vous disais souvent :

— Oh ! si j'avais un jour douze cents francs de rente, je serais effacée. Mais vous me combliez de cadeaux, je sortais en voiture avec vous, je vivais comme une reine, et quand je vous disais : J'ai peur de l'avenir !... vous me répondiez qu'une des anciennes domestiques de votre mère était heureuse avec six cents francs de pension... C'est qu'elle n'avait jamais connu les vices que vous nous mettez au cœur. On oublie ce que l'on a été, surtout quand dans ses souvenirs on retrouve l'opprobre et la misère. Moi, je n'ai pas oublié l'hôpital où j'ai été, où j'aurais voulu rester, parce qu'en sortant j'allais mourir de faim ; Saint-Lazare, où je voyais de malheureuses vieilles femmes qui se vantaient d'avoir été jeunes et belles, et qui venaient de commettre un délit dans la rue pour se faire arrêter, parce qu'elles n'avaient ni pain ni asile ; je ne l'ai pas oublié, je ne l'oublierai jamais. J'ai voulu me faire une autre fin, j'aimais à vos dépens... Je prévoyais votre ruine. J'aurais voulu vous voir marié... Je me serais résignée à cette séparation pour votre bonheur ; mais l'idée ne m'était jamais venue que vous pourriez prendre une autre maîtresse. Vous pouviez tout sauver en vous mariant. J'ai pris ailleurs ce que je ne voulais ni vous demander, ni prendre de vous. Je n'ai pu supporter la douleur de vous savoir près d'une autre ; j'ai payé bien cher mon retour à vous. Le peu que j'avais, je l'ai mis à votre disposition ; j'aurais voulu vous donner ma vie.

» Avec le temps l'inquiétude me prit, et je vous demandai de me reconnaître mon argent. C'était mal, mais j'avais peur. Cette peur m'a donné un ennui continuel. J'avais tout en espérance, rien en réalité. La nuit je me tourmentais ; le jour je cachais mon inquiétude sous le luxe. Cette femme que vous aviez prise, j'ai lutté d'amour-propre avec elle... je la rencontrais partout ; alors, bijoux, dentelles, voitures, j'ai tout désiré... pardon, ce n'était pas un combat contre vous... non, je vous aimais. A cet amour se mêlait quelquefois de la rage... je voudrais aujourd'hui donner ma vie pour réparer le passé ; j'avais pour la solitude la peur que vous aviez du mariage. La destinée est écrite, on ne la conduit pas, on la suit. Je crois que vous auriez pu faire autre chose de moi. Je trouve vos accusations tellement exagérées, que je fouille ma vie passée avec vous et que je m'excuse un peu en pensant que je ne vous ai jamais menti. Vous avez voulu me régénérer en me donnant votre nom. C'est aujourd'hui que je serais infâme si j'acceptais ce que vous m'offrez, puisque je sens que je ne pourrais remplir ce devoir sacré. L'ennui, cette ombre de nous-mêmes, s'est accroché à moi pour toujours. Je n'ai plus de jeunesse, j'ai perdu ma gaieté. Je suis entrée au théâtre, parce que je ne voulais pas qu'on se réjouît de notre séparation. Si j'avais ma petite fortune, je quitterais ce luxe qui cache tant de larmes, et je m'habituerais à la vie modeste avec laquelle je dois finir. Je vous ai aimé, je vous aime encore. Vous avez été et vous serez mon seul, mon dernier amour. Ce n'est pas à cause du malheur qui vous frappe que je ne suis pas près de vous, mais l'isolement et l'oisiveté me feraient mourir ; vous ne m'avez jamais connue autrement. Je suis une misérable créature que votre mépris désespère. Pardonnez-moi, je vous en supplie les mains jointes. J'ai été peut-être plus coupable que je ne le pense ; mais je ne l'ai pas médité. Écrivez-moi, mais pas de ces mots que contient votre lettre, ou ne m'écrivez plus jamais. Je penserai à vous comme on pense à Dieu. Je respecterai votre souvenir comme celui de l'ange qui vous a tendu la main. Croyez-moi, si mon corps est avili, il y a une place bien pure où je vais renfermer l'offre que vous m'avez faite... Tout ce que j'ai est à vous, disposez-en. Je voudrais vous rendre un peu du bien que j'ai reçu de vous. Il faut que je vous voie. Il est impossible que vous preniez un parti aussi désespéré... Ah! répondez-moi... je deviens folle!... Je vous aime.

» CÉLESTE. »

C'est lorsqu'on est malheureux qu'on voit les gens qui vous aiment ; je cherchais un refuge contre mon désespoir. J'allai chez Page, qui me conta ses peines. Nous pleurions ensemble, car la douleur était aussi chez elle. Elle venait de perdre sa petite Marie. Je ne rentrais chez moi qu'à regret : ma première apparition dans ce logement avait commencé par une scène qui avait failli me coûter la vie ; je sentais qu'il continuerait à me porter malheur.

Pour m'aider à la résignation, voici ce que Robert me répondit :

» Je vous avais priée de ne jamais m'écrire. Vos lettres me font mal, et je souffre assez sans que vous vous acharniez après les débris de mon existence.

» Toutes vos paroles ont été mensonges. La place de votre cœur a été, comme celle de votre boudoir, partagée avec le plus offrant... Je ne rougis pas de mon dévouement pour vous. Je ne regrette rien. Vous n'aviez qu'une chose à me donner en échange de mon amour, c'était votre personne. Vous l'avez vendue, aux uns pour de l'argent, aux autres pour du plaisir. Moi, je vous donnais mon existence, vous l'avez salie. Vous voudriez voir où a pu me conduire une ruine physique et morale, conduite avec dessein, acharnement, préméditation, comme vous l'avez fait ; vous l'aviez annoncé à tout le monde, vous avez tenu parole. Soyez bien heureuse de votre triomphe. Je ne me mettrai plus sur les rangs pour disputer un amour que je n'ai plus le moyen de payer. Je pars le 10 pour Alger ; votre argent vous sera remis. Ne pensez pas plus à moi qu'à Dieu, c'est un blasphème. Le mensonge doit s'arrêter là.

» ROBERT. »

En lisant cette lettre, je payai en une heure de souffrance tout ce qu'il avait pu faire pour moi. Nous étions quittes, et, à mon tour, je songeai plus à me venger qu'à me justifier.

» Je me révolte à la fin, et je suis fatiguée de recevoir des mauvais traitements que je ne mérite pas. Lorsque je vous ai connu, et que vous m'avez emmenée à la campagne, chez vous, j'avais quelques dettes; peu de chose m'aurait suffi; vous auriez pu me le donner en vous gênant un peu. Pourtant, vous m'avez laissée venir et chercher près d'un autre ce dont j'avais besoin. J'ai joué, et après avoir payé mes dettes les plus pressées, acheté quelques robes, nous avons remporté, à la révolution, un peu d'argent qui me restait. Aujourd'hui, vous me traitez comme la dernière créature du monde; et quand même j'aurais voulu, plus tard, éviter la misère pour l'avenir, serais-je plus coupable qu'il y a cinq ans? Je vous renvoie votre lettre qui me soulève le cœur. Je ne puis supporter une correspondance qui me désespère. Je suis lasse de pleurer. Jamais une bonne parole. Adieu... Regardez votre passé, et vous verrez s'il est juste de m'accabler ainsi. Avant de me connaître, vous aviez déjà fait de grands pas dans la voie de la prodigalité, est-il juste de me rendre responsable de tous vos malheurs? Adieu, je tâcherai que vous n'entendiez plus parler de moi, mais je ne vous oublierai jamais.

» CÉLESTE. »

FIN DU TROISIÈME VOLUME

TABLE

		Pages.
XXV.	Vive la réforme!............	1
XXVI.	La roulette...............	14
XXVII.	La Pépine...............	27
XXVIII.	Déceptions..............	43
XXIX.	L'insurrection de juin.........	50
XXX.	La vie de château...........	65
XXXI.	Le jardin d'hiver. — Richard......	80
XXXII.	Le choléra. — Ma filleule........	113
XXXIII.	Irrésolutions.............	126
XXXIV.	Le théâtre des Folies-Dramatiques...	140
XXXV.	Où l'orgueil va-t-il se nicher?.....	149
XXXVI.	Ma voiture..............	156
XXXVII.	Londres...............	173
XXXVIII.	....	202
XXXIX.	....	224
XL.	....	238
XLI.	....	257
XLII.	....	266
XLIII.	Les usurières de l'âme. — Un dîner chez de nouvelles connaissances........	272
XLIV.	Une folie...............	288
XLV.	Départ................	307

www.ingramcontent.com/pod-product-compliance
Lightning Source LLC
Chambersburg PA
CBHW070630160426
43194CB00009B/1419